D1753558

Von einem, der auszog, das Fürchten zu lernen

Von einem, der auszog, das Fürchten zu lernen

Das Hausbuch der Gespenster- und Gruselgeschichten

Gesammelt von
Arnhild Kantelhardt
Mit Bildern von
Kat Menschik

Gerstenberg Verlag

Kat Menschik, geboren 1968, studierte Visuelle Kommunikation in Paris und in Berlin. Seit 1999 arbeitet sie als freie Illustratorin, u.a. für die *Frankfurter Allgemeine Zeitung*. Sie hat zahlreiche Bücher illustriert, so auch das bei Gerstenberg erschienene Kinderbuch »Der weiße Stein« und »Die Nixen von Estland« (Die Andere Bibliothek).

Arnhild Kantelhardt, geboren 1948, verantwortet das Kinderbuchlektorat der Hamburger Öffentlichen Bücherhallen. Sie ist Herausgeberin einer Reihe von Anthologien für Kinder und Jugendliche. Bei Gerstenberg ist das von ihr zusammengestellte Hausbuch »Es war eine dunkle und stürmische Nacht« erschienen.

Bibliografische Information Der Deutschen Bibliothek
Die Deutsche Bibliothek verzeichnet diese Publikation in der
Deutschen Nationalbibliografie; detaillierte bibliografische Daten
sind im Internet über *http://dnb.ddb.de* abrufbar.

Copyright © 2005 Gerstenberg Verlag, Hildesheim
Alle Rechte vorbehalten
Einbandgestaltung und Layout: Kat Menschik
Satz: Fotosatz Ressemann, Hochstadt
Druck bei Offizin Andersen Nexö, Leipzig
Printed in Germany
ISBN 3-8067-5088-2

05 06 07 08 09   5 4 3 2 1

Inhalt

Schreckensnächte

  10 *Brüder Grimm* Märchen von einem, der auszog, das Fürchten zu lernen
  19 *R.L. Stine* Im Spukhaus
  30 *Anton P. Tschechow* Eine Schreckensnacht
  38 *Agatha Christie* Die Lampe
  48 *E.T.A. Hoffmann* Eine Spukgeschichte
  56 *Guy de Maupassant* Die Angst
  60 *Dorothy L. Sayers* Die Moschuskatze

Schaurige Gestalten

  76 *Fredric Brown* Die Giesenstecks
  87 *Saki* Die offene Tür
  92 *Heinrich von Kleist* Das Bettelweib von Locarno
  96 *Charles Dickens* Das Gespenst im Aktenschrank
100 *Enid Bagnold* Das verliebte Gespenst
108 *Joan Aiken* Die Fähre
114 *Rudyard Kipling* Das Stigma des Tieres
131 *Ray Bradbury* Der Fieberwahn
140 *Ray Bradbury* Das Kainszeichen oder was sonst?

Aus dem Totenreich

150 *Otfried Preußler* Frühmesse im Advent
153 *Richard Middleton* Auf der Landstraße
158 *Vincent O'Sullivan* Als ich tot war
164 *Knut Hamsun* Das Gespenst
171 *André Maurois* Das Haus
174 *Mario Giordano* Das tiefe Haus
184 *Joseph Sheridan Le Fanu* Das Gespenst und der Knocheneinrichter
190 Verzeichnis der Autoren, Geschichten und Quellen

Vorwort

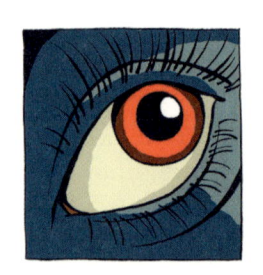

»Ach, wenn mir's nur gruselte!« – das ist der geradezu verzweifelte Wunsch des jugendlichen Helden im Grimmschen *Märchen von einem, der auszog, das Fürchten zu lernen.* Warum zum Teufel wünscht er sich das? Warum wollen die Menschen seit eh und je so gerne Gruselgeschichten hören oder lesen, und junge Menschen, Kinder, ganz besonders?

Grusel bedeutet nichts anderes als Lust an der Angst – Lust also an etwas sonst so gar nicht Lustvollem? Aber Angst bedeutet auch äußerste Anspannung der Sinne und des Verstandes; wem es gruselt, der ist wacher, als wenn er eine ganze Kanne Kaffee getrunken hätte. Gruselgeschichten verhelfen dazu, den eigenen Körper, die eigenen Sinne, kurz, sich selbst viel intensiver als gewöhnlich zu spüren. Gute Gruselgeschichten lassen den Leser oder Zuhörer die ganze Welt um sich herum vergessen und versetzen ihn mitten in ein grauenvolles Geschehen – und lassen ihn doch zu der Gewissheit zurückkehren, dass die Welt der Geschichte nicht die wirkliche Welt ist, dass ihm selbst nichts Schreckliches zustoßen wird. Es ist wie bei der Fahrt mit der Achterbahn, bei der man weiß, dass man selbst bei einem Looping nicht aus dem Wagen fallen wird.

Wie eine Achterbahnfahrt ist eine Gruselgeschichte auch eine Mutprobe, bei der der Leser sich selbst und anderen beweisen kann, dass er mit seinen Ängsten schon fertig wird. Gruseln heißt auch, sich ein dickes Fell anzutrainieren. Und die Lektüre solch einer Geschichte ist ein Abenteuer, das ihn in Welten hineinversetzt, von denen ihn seine Schulweisheit nicht hat träumen lassen. Er spürt den Schauder und sucht ihn mit Leidenschaft immer wieder, hin und her gerissen zwischen Neugier und wohligem Unbehagen. Eine »unbeschreibliche Furcht erfüllte mein Herz«, gesteht Iwan Petrowitsch Gräbermann in Tschechows Erzählung *Eine Schreckensnacht* – und ebendies möchte auch der Leser erleben, eintauchen in Sphären des Mysteriösen und des Spuks, mit Vorstellungen und Fantasien bekannt werden, die in die Tiefen seiner Seele reichen und ihn in den Bann schlagen. Und wenn er das Grauen am Ende der Geschichte durchstanden hat, besitzt er einen mächtigen Abwehrzauber, denn wenn sich ihm einmal dieselben Schreckgestalten nähern, kann er ihnen entgegenschleudern: »Ich kenne euch – und ihr habt mir nichts anhaben können!« Damit der Abwehrzauber aber auch in möglichst vielen Situationen wirksam bleibt, empfehlen wir unserem Leser, sich auch mit den vielen verschiedenen Formen vertraut zu machen, die das Furchtbare annehmen kann …

Gute Nerven braucht der Leser, der Vorleser und der Zuhörer der Geschichten in diesem Buch wirklich. Denn er trifft auf Gespenster und Vampire, Werwölfe und andere schaurige Gestalten. Er trifft sie in alten Häusern und auf Friedhöfen, vorzugsweise um Mitternacht bei Voll- oder Neumond, und sie raunen von ungesühnten Verbrechen und uralter Schande. Scheinbar harmlose und rationale Erklärungen für Unbegreifliches entpuppen sich als Missverständnisse, Versuche, das Schreckliche und Unfassbare zu meiden, schlagen fehl, das schreckliche Schicksal nimmt vielmehr unerbittlich seinen Lauf. Eine Erlösung im letzten Augenblick ist nicht immer vorgesehen. Nur manche Schriftsteller tun dem Leser den Gefallen, den Schrecken mit einer humorvollen Wendung aufzulösen, weil sie ihm dann doch nicht die nötige Nervenstärke zutrauen, während andere es bis zum Äußersten treiben und möglicherweise durch Übertreibung den Leser wieder zu sich selbst im Hier und Heute bringen. Hinsichtlich dessen, was der »grässlichste Spuk« sein mag, über den die Freundesrunde in E. T. A. Hoffmanns Erzählung *Eine Spukgeschichte* streitet, darüber gehen die Empfindungen und Meinungen auseinander.

Allemal aber besteht die Kunst der Gruselgeschichte darin, den Leser emotional hineinzuziehen in eine Atmosphäre des Grauens, Schritt für Schritt, bis zum dramatischen Höhepunkt, an dem ihm alle Haare zu Berge stehen. Ihr Können in dieser Kunst zeigen in diesem Buch große Autoren der Weltliteratur, Meisterinnen der klassischen Kriminalerzählung und Dichter des 19. Jahrhunderts, schließlich auch moderne Schriftsteller, vorwiegend aus dem englischsprachigen Raum, wo die Kunst der Gruselgeschichte mehr als anderswo gepflegt wird.

Die meisten Geschichten dieser Sammlung sind nicht explizit für Kinder geschrieben, und nicht alle sind für Kinder jeden Alters und für besonders sensible Kinder geeignet – deshalb sollten sie erwachsene Vorleser vorher lesen. Dennoch gilt: Kinder sind für gute Gruselgeschichten stets empfänglicher als Erwachsene, denn sie sind noch offen für alles Unerhörte und Ungesehene. Eine Unterscheidung zwischen Spukgeschichten für Kinder und für Erwachsene greift ins Leere. Entschärfte, harmlose Gruselgeschichten verfehlen ihre Wirkung. Die geheimnisvollen Szenerien, die die Klassiker des Genres für uns entfalten, entsprechen vor allem der berechtigten Sehnsucht von Kindern und jungen Menschen, über den Rand unserer scheinbar geheimnislosen Alltagswelt hinauszuschauen.

Gute Gruselgeschichten spielen mit der Fantasie, die Dinge möglich erscheinen lässt, die im Alltag eigentlich nicht zugelassen sind. Und nichts außer den Geschichten selbst regt das Spiel der Fantasie so an wie Bilder, die einen noch tiefer in den Strudel untergründiger Welten hineinziehen. Solche Bilderstrudel, in die die Fantasie des Betrachters noch tiefer hinabtauchen kann, hat Kat Menschik für dieses Buch gezeichnet.

»Ach, was gruselt mir, was gruselt mir! Ja, nun weiß ich, was Gruseln ist«, soll der Leser nach der Lektüre dieses Buches – nach drei Schreckensnächten und der Begegnung mit Gespenstern, die mit Totengebein Kegel spielen, nach der Bedrohung durch schaurige Gestalten und der Grenzerfahrung einer wahnsinnigen Reise mit dem eigenen Bett – am Ende sagen, wie jener Junge bei den Brüdern Grimm, der, wie er, auszog, das Fürchten zu lernen.

SCHRECKENSNÄCHTE

Brüder Grimm

Märchen von einem, der auszog, das Fürchten zu lernen

Ein Vater hatte zwei Söhne, davon war der älteste klug und gescheit und wusste sich in alles wohl zu schicken, der jüngste aber war dumm, konnte nichts begreifen und lernen: Und wenn ihn die Leute sahen, sprachen sie: »Mit dem wird der Vater noch seine Last haben!« Wenn nun etwas zu tun war, so musste es der Älteste allzeit ausrichten: Hieß ihn aber der Vater noch spät oder gar in der Nacht etwas holen und der Weg ging dabei über den Kirchhof oder sonst einen schaurigen Ort, so antwortete er wohl: »Ach nein, Vater, ich gehe nicht dahin, es gruselt mir!«, denn er fürchtete sich. Oder, wenn abends beim Feuer Geschichten erzählt wurden, wobei einem die Haut schaudert, so sprachen die Zuhörer manchmal: »Ach, es gruselt mir!« Der Jüngste saß in einer Ecke und hörte das mit an und konnte nicht begreifen, was es heißen sollte. »Immer sagen sie, es gruselt mir! es gruselt mir! Mir gruselt's nicht: Das wird wohl eine Kunst sein, von der ich auch nichts verstehe.«

Nun geschah es, dass der Vater einmal zu ihm sprach: »Hör du, in der Ecke dort, du wirst groß und stark, du musst auch etwas lernen, womit du dein Brot verdienst. Siehst du, wie dein Bruder sich Mühe gibt, aber an dir ist Hopfen und Malz verloren.« – »Ei, Vater«, antwortete er, »ich will gerne was lernen; ja, wenn's anginge, so möchte ich lernen, dass mir's gruselte; davon verstehe ich noch gar nichts.« Der Älteste lachte, als er das hörte, und dachte bei sich: Du lieber Gott, was ist mein Bruder ein Dummbart, aus dem wird sein Lebtag nichts: Was ein Häkchen werden will, muss sich beizeiten krümmen. Der Vater seufzte und er antwortete ihm: »Das Gruseln, das sollst du schon lernen, aber dein Brot wirst du damit nicht verdienen.«

Bald danach kam der Küster zum Besuch ins Haus, da klagte ihm der Vater seine Not und erzählte, wie sein jüngster Sohn in allen Dingen so schlecht beschlagen wäre, er wüsste nichts und lernte nichts. »Denkt Euch, als ich ihn fragte, womit er sein Brot verdienen wollte, hat er gar verlangt, das Gruseln zu lernen.« – »Wenn's weiter nichts ist«, antwortete der Küster, »das kann er bei mir lernen; tut ihn nur zu mir, ich will ihn schon abhobeln.« Der Vater war es zufrieden, weil er dachte: Der Junge wird doch ein wenig zugestutzt. Der Küster nahm ihn also ins Haus, und er musste die Glocke läuten. Nach ein paar Tagen weckte er ihn um Mitternacht, hieß ihn aufstehen, in den Kirchturm steigen und läuten. Du sollst schon lernen, was Gruseln ist, dachte er, ging heimlich voraus, und als der Junge oben war und sich umdrehte und das Glockenseil fassen wollte, so sah er auf der Treppe, dem Schallloch gegenüber, eine weiße Gestalt stehen. »Wer da?«, rief er, aber die Gestalt gab keine Antwort, regte und bewegte sich nicht. »Gib Antwort«, rief der Junge, »oder mache, dass du fortkommst, du hast hier in der Nacht nichts zu schaffen.« Der Küster aber blieb unbeweglich stehen, damit der Junge glauben sollte, es wäre ein Gespenst. Der Junge rief zum zweiten Mal: »Was willst du hier? Sprich, wenn du ein ehrlicher Kerl bist, oder ich werfe dich die Treppe hinab.« Der Küster dachte: Das wird so schlimm nicht gemeint sein, gab keinen Laut von sich und stand, als wenn er von Stein wäre. Da rief ihn der Junge zum dritten Male an, und als das auch vergeblich war, nahm er einen Anlauf und stieß das Gespenst die Treppe hinab, dass es zehn Stufen hinabfiel und in einer Ecke liegen blieb. Darauf läutete er die Glocke, ging heim, legte sich, ohne ein Wort zu sagen, ins Bett und schlief fort. Die Küsterfrau wartete lange Zeit auf ihren Mann, aber er wollte nicht wiederkommen. Da ward ihr endlich angst, sie weckte den Jungen und fragte: »Weißt du nicht, wo mein Mann geblieben ist? Er ist vor dir auf den Turm gestiegen.« – »Nein«, antwortete der Junge, »aber da hat einer dem Schallloch gegenüber auf der Treppe gestanden, und weil er keine Antwort geben und auch nicht weggehen wollte, so habe ich ihn für einen Spitzbuben gehalten und hinuntergestoßen. Geht nur hin, so werdet Ihr sehen, ob er's gewesen ist, es sollte mir leidtun.« Die Frau sprang fort und fand ihren Mann, der in einer Ecke lag und jammerte und ein Bein gebrochen hatte.

Sie trug ihn herab und eilte dann mit lautem Geschrei zu dem Vater des Jungen. »Euer Junge«, rief sie, »hat ein großes Unglück angerichtet, meinen Mann hat er die Treppe hinabgeworfen, dass er ein Bein gebrochen hat: Schafft den Taugenichts aus unserm Hause.« Der Vater erschrak, kam herbeigelaufen und schalt den Jungen aus. »Was sind das für gottlose Streiche, die muss dir der Böse eingegeben haben.« – »Vater«, antwortete er, »hört nur an, ich bin ganz unschuldig: Er stand da in der Nacht wie einer, der Böses im Sinne hat. Ich wusste nicht, wer's war, und habe ihn dreimal ermahnt, zu reden oder wegzugehen.« – »Ach«, sprach der Vater, »mit dir erleb ich nur Unglück, geh mir aus den Augen, ich will dich nicht mehr ansehen.« – »Ja, Vater, recht gerne, wartet nur, bis Tag ist, da will ich ausgehen und das Gruseln lernen, so versteh ich doch eine Kunst, die mich ernähren kann.« – »Lerne, was du willst«, sprach der Vater, »mir ist alles einerlei. Da hast du fünfzig Taler, damit geh in die weite Welt und sage keinem Menschen, wo du her bist und wer dein Vater ist, denn ich muss mich deiner schämen.« – »Ja, Vater, wie Ihr's haben wollt, wenn Ihr nicht mehr verlangt, das kann ich leicht in Acht behalten.«

Als nun der Tag anbrach, steckte der Junge seine fünfzig Taler in die Tasche, ging hinaus auf die große Landstraße und sprach immer vor sich hin: »Wenn mir's nur gruselte! Wenn mir's nur gruselte!« Da kam ein Mann heran, der hörte das Gespräch, das der Junge mit sich selber führte, und als sie ein Stück weiter waren, dass man den Galgen sehen konnte, sagte der Mann zu ihm: »Siehst du, dort ist der Baum, wo siebene mit des Seilers Tochter Hochzeit gehalten haben und jetzt das Fliegen lernen: Setz dich darunter und warte, bis die Nacht kommt, so wirst du schon das Gruseln lernen.« – »Wenn weiter nichts dazu gehört«, antwortete der Junge, »das ist leicht getan; lerne ich aber so geschwind das Gruseln, so sollst du meine fünfzig Taler haben: Komm nur morgen früh wieder zu mir.« Da ging der Junge zu dem Galgen, setzte sich darunter und wartete, bis der Abend kam. Und weil ihn fror, machte er sich ein Feuer an: Aber um Mitternacht ging der Wind so kalt, dass er trotz des Feuers nicht warm werden wollte. Und als der Wind die Gehenkten gegeneinander stieß, dass sie sich hin und her bewegten, so dachte er: Du frierst unten bei dem Feuer, was mögen die da oben erst frieren und zappeln. Und weil er mitleidig war, legte er die Leiter an, stieg hinauf, knüpfte einen nach dem andern los und holte alle siebene herab. Darauf schürte er das Feuer, blies es an und setzte sie ringsherum, dass sie sich wärmen sollten. Aber sie saßen da und regten sich nicht, und das Feuer ergriff ihre Kleider. Da sprach er: »Nehmt euch in Acht, sonst häng ich euch wieder hinauf.« Die Toten aber hörten nicht, schwiegen und ließen ihre Lumpen fortbrennen. Da ward er bös und sprach: »Wenn ihr nicht Acht geben wollt, so kann ich euch nicht helfen, ich will nicht mit euch verbrennen«, und hing sie nach der Reihe wieder hinauf. Nun setzte er sich zu seinem Feuer und schlief ein, und am andern Morgen, da kam der Mann zu ihm, wollte die fünfzig Taler haben und sprach: »Nun, weißt du, was Gruseln ist?« – »Nein«, antwortete er, »woher sollte ich's wissen? Die da droben haben das Maul nicht aufgetan und waren so dumm, dass sie die paar alten Lappen, die sie am Leibe haben, brennen ließen.« Da sah der Mann, dass er die fünfzig Taler heute nicht davontragen würde, ging fort und sprach: »So einer ist mir noch nicht vorgekommen.«

Der Junge ging auch seines Wegs und fing wieder an, vor sich hin zu reden: »Ach, wenn mir's nur gruselte! Ach, wenn mir's nur gruselte!« Das hörte ein Fuhrmann, der hinter ihm herschritt, und fragte: »Wer bist du?« – »Ich weiß nicht«, antwortete der Junge. Der Fuhrmann fragte weiter: »Wo bist du her?« – »Ich weiß nicht.« – »Wer ist dein Vater?« – »Das darf ich nicht sagen.« – »Was brummst du beständig in den Bart hinein?« – »Ei«, antwortete der Junge, »ich wollte, dass mir's gruselte, aber niemand kann mir's lehren.« – »Lass dein dummes Geschwätz«, sprach der Fuhrmann, »komm, geh mit mir, ich will sehen, dass ich dich unterbringe.« Der Junge ging mit dem Fuhrmann, und abends gelangten sie zu einem Wirtshaus, wo sie übernachten wollten. Da sprach er beim Eintritt in die Stube wieder ganz laut: »Wenn mir's nur gruselte! Wenn mir's nur gruselte!« Der Wirt, der das hörte, lachte und sprach: »Wenn dich danach lüstet, dazu sollte hier wohl Gelegenheit sein.« – »Ach, schweig stille«, sprach die Wirtsfrau, »so mancher Vorwitzige hat schon sein Leben eingebüßt, es wäre Jammer und Schade um die schönen Augen, wenn die das Tageslicht nicht wieder sehen sollten.« Der Junge aber sagte: »Wenn's noch so schwer wäre, ich will's einmal lernen, deshalb bin ich ja ausgezogen.« Er ließ dem Wirt auch keine Ruhe, bis dieser erzählte, nicht weit davon stände ein verwünschtes Schloss, wo einer wohl lernen könnte, was Gruseln wäre, wenn er nur drei Nächte darin wachen wollte. Der König hätte dem, der's wagen wollte, seine Tochter zur Frau versprochen, und die wäre die schönste Jungfrau, welche die Sonne beschien: In dem Schlosse steckten auch große Schätze, von bösen Geistern bewacht, die würden dann frei und könnten einen Armen reich genug machen. Schon viele wären wohl hinein-, aber noch keiner wieder herausgekommen. Da ging der Junge am andern Morgen vor den König und sprach: »Wenn's erlaubt wäre, so wollte ich wohl drei Nächte in dem verwünschten Schlosse wachen.« Der König sah ihn an, und weil er ihm gefiel, sprach er: »Du darfst dir noch dreierlei ausbitten, aber es müssen leblose Dinge sein, und das darfst du mit ins Schloss nehmen.« Da antwortete er: »So bitt ich um ein Feuer, eine Drehbank und eine Schnitzbank mit dem Messer.«

Der König ließ ihm das alles bei Tage in das Schloss tragen. Als es Nacht werden wollte, ging der Junge hinauf, machte sich in einer Kammer ein helles Feuer an, stellte die Schnitzbank mit dem Messer daneben und setzte sich auf die Drehbank. »Ach, wenn mir's nur gruselte«, sprach er, »aber hier werde ich's auch nicht lernen.« Gegen Mitternacht wollte er sich sein Feuer einmal aufschüren: Wie er so hineinblies, da schrie's plötzlich aus einer Ecke: »Au, miau! Was uns friert!« – »Ihr Narren«, rief er, »was schreit ihr? Wenn euch friert, kommt, setzt euch ans Feuer und wärmt euch.« Und wie er das gesagt hatte, kamen zwei große schwarze Katzen in einem gewaltigen Sprunge herbei, setzten sich ihm zu beiden Seiten und sahen ihn mit ihren feurigen Augen ganz wild an. Über ein Weilchen, als sie sich gewärmt hatten, sprachen sie: »Kamerad, wollen wir eins in der Karte spielen?« – »Warum nicht?«, antwortete er, »aber zeigt einmal eure Pfoten her.« Da streckten sie die Krallen aus. »Ei«, sagte er, »was habt ihr lange Nägel! Wartet, die muss ich euch erst abschneiden.« Damit packte er sie beim Kragen, hob sie auf die Schnitzbank und schraubte ihnen die Pfoten fest. »Euch habe ich auf die Finger gesehen«, sprach er, »da vergeht mir die Lust zum Kartenspiel«, schlug sie tot und warf sie hinaus ins Wasser. Als er aber die zwei zur Ruhe gebracht hatte und sich wieder zu seinem Feuer setzen wollte, da kamen aus allen Ecken und Enden schwarze Katzen und schwarze Hunde an glühenden Ketten, immer mehr und mehr, dass er sich nicht mehr bergen konnte: Die schrien gräulich, traten ihm auf sein Feuer, zerrten es auseinander und wollten es ausmachen. Das sah er ein Weilchen ruhig mit an; als es ihm aber zu arg ward, fasste er sein Schnitzmesser und rief: »Fort mit dir, du Gesindel«, und haute auf sie los. Ein Teil sprang weg, die andern schlug er tot und warf sie hinaus in den Teich. Als er wiedergekommen war, blies er aus den Funken sein Feuer frisch an und wärmte sich. Und als er so saß, wollten ihm die Augen nicht länger offen bleiben, und er bekam Lust zu schlafen. Da blickte er um sich und sah in der Ecke ein großes Bett. »Das ist mir eben recht«, sprach er und legte sich hinein. Als er aber die Augen zutun wollte, so fing das Bett von selbst an zu fahren und fuhr im ganzen Schloss herum. »Recht so«, sprach er, »nur besser zu.« Da rollte das Bett fort, als wären sechs Pferde vorgespannt, über Schwellen und Treppen auf und ab: Auf einmal hopp, hopp!, warf es um, das Unterste zuoberst, dass es wie ein Berg auf ihm lag. Aber er schleuderte Decken und Kissen in die Höhe, stieg heraus und sagte: »Nun mag fahren, wer Lust hat«, legte sich an sein Feuer und schlief, bis es Tag war. Am Morgen kam der König, und als er ihn da auf der Erde liegen sah, meinte er, die Gespenster hätten ihn umgebracht, und er wäre tot. Da sprach er: »Es ist doch schade um den schönen Menschen.« Das hörte der Junge, richtete sich auf und sprach: »So weit ist's noch nicht!« Da verwunderte sich der König, freute sich aber und fragte, wie es ihm gegangen wäre. »Recht gut«, antwortete er, »eine Nacht wäre herum, die zwei andern werden auch herumgehen.«

Als er zum Wirt kam, da machte der große Augen. »Ich dachte nicht«, sprach er »dass ich dich wieder lebendig sehen würde; hast du nun gelernt, was Gruseln ist?« – »Nein«, sagte er, »es ist alles vergeblich: Wenn mir's nur einer sagen könnte!«

Die zweite Nacht ging er abermals hinauf ins alte Schloss, setzte sich zum Feuer und fing sein altes Lied wieder an: »Wenn mir's nur gruselte!« Wie Mitternacht herankam, ließ sich ein Lärm und Gepolter hören, erst sachte, dann immer stärker, dann war's ein bisschen still, endlich kam mit lautem Geschrei ein halber Mensch den Schornstein herab und fiel vor ihn hin. »Heda!«, rief er, »noch ein halber gehört dazu, das ist zu wenig.« Da ging der Lärm von frischem an, es tobte und heulte und fiel die andere Hälfte auch herab. »Wart«, sprach er, »ich will dir erst das Feuer ein wenig anblasen.« Wie er das getan hatte und sich wieder umsah, da waren die beiden Stücke zusammengefahren und saß da ein gräulicher Mann auf seinem Platz. »So haben wir nicht gewettet«, sprach der Junge, »die Bank ist mein.« Der Mann wollte ihn wegdrängen, aber der Junge ließ sich's nicht gefallen, schob ihn mit Gewalt weg und setzte sich wieder auf seinen Platz. Da fielen noch mehr Männer herab, einer nach dem andern, die holten neun Totenbeine und zwei Totenköpfe, setzten auf und spielten Kegel. Der Junge bekam auch Lust und fragte: »Hört ihr, kann ich mit sein?« – »Ja, wenn du Geld hast.« – »Geld genug«, antwortete er, »aber eure Kugeln sind nicht recht rund.« Da nahm er die Totenköpfe, setzte sie in die Drehbank und drehte sie rund. »So, jetzt werden sie besser schüppeln«, sprach er, »heida! Nun geht's lustig!« Er spielte mit und verlor etwas von seinem Geld; als es aber zwölf Uhr schlug, war alles vor seinen Augen verschwunden. Er legte sich nieder und schlief ruhig ein. Am andern Morgen kam der König und wollte sich erkundigen. »Wie ist dir's diesmal gegangen?«, fragte er. – »Ich habe gekegelt«, antwortete er, »und ein paar Heller verloren.« – »Hat dir denn nicht gegruselt?« – »Ei was«, sprach er, »lustig hab ich mich gemacht. Wenn ich nur wüsste, was Gruseln wäre?«

In der dritten Nacht setzte er sich wieder auf seine Bank und sprach ganz verdrießlich: »Wenn es mir nur gruselte!« Als es spät ward, kamen sechs große Männer und brachten eine Totenlade hereingetragen. Da sprach er: »Ha, ha, das ist gewiss mein Vetterchen, das erst vor ein paar Tagen gestorben ist«, winkte mit dem Finger und rief: »Komm, Vetterchen, komm!« Sie stellten den Sarg auf die Erde, er aber ging hinzu und nahm den Deckel ab: Da lag ein toter Mann darin. Er fühlte ihm ans Gesicht, aber es war kalt wie Eis. »Wart«, sprach er, »ich will dich ein bisschen wärmen«, ging ans Feuer, wärmte seine Hand und legte sie ihm aufs Gesicht, aber der Tote blieb kalt. Nun nahm er ihn heraus, setzte sich ans Feuer und legte ihn auf seinen Schoß und rieb ihm die Arme, damit das Blut wieder in Bewegung kommen sollte. Als auch das nichts helfen wollte, fiel ihm ein, wenn zwei zusammen im Bett liegen, so wärmen sie sich, brachte ihn ins Bett, deckte ihn zu und legte sich neben ihn. Über ein Weilchen ward auch der Tote warm und fing an, sich zu regen. Da sprach der Junge: »Siehst du, Vetterchen, hätt ich dich nicht gewärmt!« Der Tote aber hub an und rief: »Jetzt will ich dich erwürgen.« – »Was«, sagte er, »ist das dein Dank? Gleich sollst du wieder in deinen Sarg«, hub ihn auf, warf ihn hinein und machte den Deckel zu; da kamen die sechs Männer und trugen ihn wieder fort. »Es will mir nicht gruseln«, sagte er, »hier lerne ich's mein Lebtag nicht.«

Da trat ein Mann herein, der war größer als alle anderen und sah fürchterlich aus; er war aber alt und hatte einen langen weißen Bart. »O du Wicht«, rief er, »nun sollst du bald lernen, was Gruseln ist, denn du sollst sterben.« – »Nicht so schnell«, antwortete der Junge, »soll ich sterben, so muss ich auch dabei sein.« – »Dich will ich schon packen«, sprach der Unhold. – »Sachte, sachte, mach dich nicht so breit; so stark wie du bin ich auch und wohl noch stärker.« – »Das wollen wir sehn«, sprach der Alte, »bist du stärker als ich, so will ich dich gehn lassen; komm, wir wollen's versuchen.« Da führte er ihn durch dunkle Gänge zu einem Schmiedefeuer, nahm eine Axt und schlug den einen Amboss mit einem

Schlag in die Erde. »Das kann ich noch besser«, sprach der Junge und ging zu dem andern Amboss: Der Alte stellte sich neben hin und wollte zusehen, und sein weißer Bart hing herab. Da fasste der Junge die Axt, spaltete den Amboss auf einen Hieb und klemmte den Bart des Alten mit hinein. »Nun hab ich dich«, sprach der Junge, »jetzt ist das Sterben an dir.« Dann fasste er eine Eisenstange und schlug auf den Alten los, bis er wimmerte und bat, er möchte aufhören, er wollte ihm große Reichtümer geben. Der Junge zog die Axt raus und ließ ihn los. Der Alte führte ihn wieder ins Schloss zurück und zeigte ihm in einem Keller drei Kasten voll Gold. »Davon«, sprach er, »ist ein Teil den Armen, der andere dem König, der dritte dein.« Indem schlug es zwölfe, und der Geist verschwand, also dass der Junge im Finstern stand. »Ich werde mir doch heraushelfen können«, sprach er, tappte herum, fand den Weg in die Kammer und schlief dort bei seinem Feuer ein. Am andern Morgen kam der König und sagte: »Nun wirst du gelernt haben, was Gruseln ist?« – »Nein«, antwortete er, »was ist's nur? Mein toter Vetter war da, und ein bärtiger Mann ist gekommen, der hat mir da unten viel Geld gezeigt; aber was Gruseln ist, hat mir keiner gesagt.« Da sprach der König: »Du hast das Schloss erlöst und sollst meine Tochter heiraten.« – »Das ist all recht gut«, antwortete er; »aber ich weiß noch immer nicht, was Gruseln ist.«

Da ward das Gold heraufgebracht und die Hochzeit gefeiert, aber der junge König, so lieb er seine Gemahlin hatte und so vergnügt er war, sagte doch immer: »Wenn mir nur gruselte, wenn mir nur gruselte.« Das verdross sie endlich. Ihr Kammermädchen sprach: »Ich will Hilfe schaffen, das Gruseln soll er schon lernen.« Sie ging hinaus zum Bach, der durch den Garten floss, und ließ sich einen ganzen Eimer voll Gründlinge holen. Nachts, als der junge König schlief, musste seine Gemahlin ihm die Decke wegziehen und den Eimer voll kalt Wasser mit den Gründlingen über ihn herschütten, dass die kleinen Fische um ihn herum zappelten. Da wachte er auf und rief: »Ach, was gruselt mir, was gruselt mir, liebe Frau! Ja, nun weiß ich, was Gruseln ist.«

R. L. Stine
Im Spukhaus

Robert machte sich Sorgen. Vor kurzem war er mit seiner Familie in ein komisches altes Haus mit zwei Treppenaufgängen und einem windschiefen Schornstein eingezogen. Mom und Dad waren versessen darauf, alte Häuser zu kaufen und wieder herzurichten. Aber sie hatten versprochen, dass es diesmal das letzte Mal wäre.

»In diesem Haus werden wir für immer bleiben«, sagte Mom. »Trotz des schiefen Schornsteins und alles anderem.«

»Ich bin als Erster oben!«, rief Roberts älterer Bruder Mike von der Treppe am anderen Ende des Flurs.

»Wir treffen uns im Ausguckzimmer«, schrie Robert zurück. Er hatte einen Narren an all den kleinen Räumen in dem alten Haus gefressen. Und er war sich sicher, dass das Haus umwerfend aussehen würde, wenn seine Eltern mit den Renovierungsarbeiten fertig waren.

Das war es nicht, was ihm Sorgen bereitete.

Er war beunruhigt wegen des Gesprächs im Schulhof.

»In dieser Stadt gibt es sogar ein Spukhaus«, hatte ihm ein schlaksiger Junge namens Chris in der großen Pause erzählt. »Eine heruntergekommene alte Bruchbude. Wenn mein Hund auch nur in dessen Nähe kommt, setzt er sich hin und jault erbärmlich.«

»Und dann der Mief«, setzte ein anderer Junge hinzu. »Dieses Haus stinkt wie eine Mülltonne, die wochenlang nicht ausgeleert wurde.«

Robert schauderte. Mike stand lächelnd neben ihm. Robert konnte deutlich sehen, dass sein Bruder nichts von alledem glaubte.

»Wo ist denn dieses so genannte Spukhaus?«, fragte Mike.

»In der Beech Street«, sagte ein Mädchen mit Zahnspange.

»Am Ende der Sackgasse«, ergänzte Chris.

»Wie bitte?«, stieß Robert hervor. Mike und er wohnten in der Beech Street. Am Ende der Sackgasse!

Die Glocke ertönte und alle strömten zurück ins Schulgebäude. Robert ging neben dem Mädchen mit der Zahnspange her. »Kennst du das Spukhaus in der Beech Street?«, fragte Robert.

Das Mädchen nickte feierlich.

»Ist es das Haus auf der rechten Seite? Oder das auf der linken?«

»Lass mich überlegen«, sagte das Mädchen und dachte angestrengt nach. »Ähm … auf der linken. Ja, es ist das Haus auf der linken Seite.«

Das war es, was Robert Sorgen bereitete.

Das leer stehende Haus nebenan. Das Haus auf der linken Seite. Robert hatte es von Anfang an unheimlich gefunden. Der Garten vor dem Haus war mit Unkraut überwuchert. Ein kleines Fenster war zerbrochen.

Gut möglich, dass es in dem Haus spukte. Es sah jedenfalls ganz nach einem Spukhaus aus.

Nach der Schule gingen Mike und Robert gemeinsam nach Hause. »Mike, glaubst du wirklich, dass es in dem Haus nebenan spukt?«, fragte Robert.

Mike schüttelte den Kopf. »Ach was! So was wie ein Spukhaus gibt's doch gar nicht. Weder in unserer Straße noch irgendwo anders.«

Robert fühlte sich gleich besser. Mike klang sehr überzeugt.

Robert lächelte, als er seine Mutter sah. Sie war eifrig damit beschäftigt, leuchtend rote Geranien in die Blumenkästen auf der vorderen Veranda zu pflanzen. Langsam, aber sicher sah das Haus richtig wohnlich aus.

»Hallo, Mom«, rief Robert, als die beiden Brüder den kleinen Weg zum Haus entlangliefen. Doch dann erstarrte er.

Irgendetwas stimmte nicht. Das spürte er.

Ein kalter Schauer lief ihm den Rücken hinunter. Er hatte das Gefühl, als würde er beobachtet. Er drehte sich zum Nachbarhaus um und ließ den Blick langsam über den abblätternden Anstrich der Seitenfront des Hauses wandern. Schließlich entdeckte er unter dem Dach ein kleines rundes Fenster – *und da waren sie!*

Zwei Augen. Zwei dunkle, grimmige Augen, die zu ihm herabstarrten.

Er schnappte nach Luft.

Die Augen verschwanden.

»Mike«, flüsterte er. »Ich … ich glaube, ich habe gerade das Gespenst gesehen. Da oben in dem Fenster.«

Mike blickte zu dem leeren Fenster hinauf. Dann schüttelte er den Kopf. »Lass dir doch von den Kindern in der Schule nicht Bange machen.«

»Ich habe eine Aufgabe für euch zwei«, sagte ihre Mutter und legte ihr Gartenschäufelchen beiseite.

Mike stöhnte. »Ich muss Hausaufgaben machen, Mom. Kann Robert das nicht erledigen?«

»Es ist ein Job für euch beide«, sagte sie. »Ihr werdet das Haus des netten alten Ehepaars nebenan hüten, solange die beiden weg sind.«

Robert traten die Augen aus den Höhlen und er starrte seine Mutter mit offenem Mund an. »Willst du damit sagen, dass da drüben tatsächlich jemand wohnt?«

»Mr und Mrs Hodge«, antwortete ihre Mutter. »Ich habe sie heute kennen gelernt. Ich glaube, sie leben schon immer hier. Ihr müsst am Samstagvormittag ein paar Kleinigkeiten für sie erledigen und dann noch mal am Abend.«

»Am Abend?«, fragte Robert entsetzt. »Müssen wir etwa dort übernachten?«

Seine Mutter lachte. »Natürlich nicht. Die Hodges kommen am Sonntagmorgen zurück.«

Mike seufzte. »Am Wochenende wollte ich mich mit meinen neuen Freunden treffen.«

»Ich habe es ihnen versprochen, Mike. Das ist doch keine große Sache«, meinte sie unnachgiebig. »Sie haben mir genau erklärt, was zu tun ist.«

Mike zuckte die Achseln. »Na gut. Was soll's.«

»Was soll's«, wiederholte Robert leise, während er zum Dachfenster des Nachbarhauses hochschaute.

Am nächsten Morgen gingen sie über den Rasen zum Haus nebenan. Beim Briefkasten blieb Robert stehen und holte die Post und die Zeitung der Hodges heraus. Auf der Veranda holte er Mike ein.

Er schob den Schlüssel ins Schloss, drehte den Türgriff und gab der schweren Holztür einen Stoß. Die rostigen Angeln knarrten, als die Tür aufschwang.

Im Haus war es still. So still, dass Robert aus der Küche das leise Summen des Kühlschranks hören konnte.

Sie betraten einen langen Flur. Robert folgte Mike so dicht auf den Fersen, dass er ihn hinten am Schuh streifte.

»Hör auf damit, Robert«, warnte ihn Mike. »Du machst dir nur selbst Angst.«

»Was ist das für ein entsetzlicher Geruch?«, rief Robert. »Pfui Deibel! Das stinkt wie faule Eier!« Er hielt sich die Nase zu.

Mike schnupperte. »Ähm ... stimmt. Ich rieche es auch.« Er hustete. »Ekelhaft.«

Robert folgte ihm in die Küche. »Hier ist eindeutig was verfault.« Nervös schaute er sich um.

»Sieh dir das mal an! Sie haben einen Speiseaufzug«, sagte Mike. »So einen kleinen Aufzug, der von einem Stockwerk zum anderen geht. Cool!«

Er schickte sich an, ihn zu öffnen.

»Nicht!«, schrie Robert. »Lass uns erledigen, was wir tun müssen, und dann nichts wie weg hier.«

Mike zog die Tür des Speiseaufzugs zur Hälfte auf.

»Ihhhh! Das stinkt!«, stöhnte Robert. Er wich zurück. »Wie ... wie etwas *Totes*.«

Mike schnappte sich ein Geschirrtuch und presste es sich vor die Nase. Er griff in den Speiseaufzug und holte behutsam etwas heraus. »Es ist nur eine Schüssel mit altem Essen«, sagte Mike. »Mach den Abfalleimer auf.«

Robert hielt die Luft an, um den Gestank nicht riechen zu müssen, und öffnete den Deckel des Abfalleimers. Mike drehte die Schüssel um. Ein eingetrockneter, grüner Klumpen fiel in den Eimer.

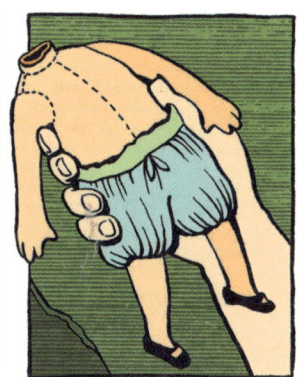

Robert knallte den Deckel zu. »Was war das?«, sagte er aufgeregt.

»Haferbrei.« Mike wedelte mit dem Geschirrtuch. »Ich schätze, die Hodges haben ihn da drin vergessen.«

Er stellte die leere Schüssel in den Speiseaufzug zurück. »Ich frage mich, ob er funktioniert«, sagte er. Er zog an einer Schnur, und der kleine Aufzug glitt mit der Schüssel nach oben. »Cool.« Sie sahen beide zu, wie er verschwand.

»Ich würde zu gerne wissen, wo er endet«, murmelte Robert.

»Im Speicher wahrscheinlich«, antwortete Mike.

Robert schauderte, und da fielen ihm die dunklen Augen wieder ein, die vom Speicherfenster aus auf ihn herabgestarrt hatten. Er schloss die Tür des Speiseaufzugs. »Lass uns gehen«, sagte er.

»Nicht so schnell, Robert.« Mike packte ihn am Ellenbogen. »Wir müssen die Vorhänge im Wohnzimmer öffnen.«

Wieder folgte Robert Mike dicht auf den Fersen. Im dunklen Wohnzimmer trat er plötzlich mit dem Schuh auf etwas Weiches.

Sofort schlug ihm das Herz bis zum Hals. »Igitt! Ich … ich bin auf irgendetwas getreten. Ein Tier!«

Mike verdrehte genervt die Augen, bückte sich und hob eine weiche Stoffpuppe auf. »Du meinst die hier?« Er reichte Robert die Puppe.

Robert glotzte sie an. »Sie hat keinen Kopf, Mike. Und guck dir nur mal diese Bissspuren an den Armen der Puppe an.«

Mike betrachtete sie. »Sieht so aus, als hätte jemand darauf herumgekaut.«

»Wer oder was?«, wollte Robert wissen.

Mike antwortete nicht. Er machte sich daran, die schweren Vorhänge zu öffnen.

Etwas krachte im Stockwerk über ihnen auf den Boden.

Diesmal machte Roberts Herz einen Sprung.

Es folgte ein zweiter lauter Knall und darauf ein tiefes Stöhnen.

»Jemand ist im Haus!«, schrie Robert und flitzte zur Haustür.

Als er sich umdrehte, sah er die Angst in Mikes Gesicht. Beide stürmten aus dem Haus und knallten die Tür hinter sich zu.

Völlig außer Atem ließen sie sich auf die Veranda ihres Hauses fallen und schauten zum Nachbarhaus hinüber. Robert schauderte. »Was haben wir da gehört? Glaubst du, das war ein Gespenst? Sollen wir Mom und Dad davon erzählen?«

»Wir haben uns wie Idioten benommen«, murmelte Mike. »Es gab keinen Grund davonzulaufen. In alten Häusern hört man immer die seltsamsten Geräusche.«

Robert wusste, dass sein Bruder Recht hatte. Alle alten Häuser knarrten und ächzten.

»Oder es könnten auch Kinder gewesen sein, die uns einen Streich gespielt haben«, meinte Mike. Er stand auf und ging ins Haus. »Du solltest Mom und Dad nicht damit behelligen. Es gibt keinen Grund zur Aufregung.«

»Stimmt. Kein Grund zur Aufregung«, wiederholte Robert.

Die schwarzen Wolken schienen sich direkt über dem Nachbarhaus zusammenzubrauen. Zum zweiten Mal an diesem Tag schritten Robert und Mike über den Rasen.

Plötzlich donnerte es laut.

Robert zuckte zusammen.

Sie öffneten die Tür. »Es ist so dunkel hier drin«, flüsterte Robert. »Ich kann überhaupt nichts sehen.«

»Ich mache Licht«, raunte Mike zurück. Robert konnte hören, wie Mikes Hand über die Wand glitt.

Ein gewaltiger Donnerschlag ließ sie beide zusammenfahren.

Robert vernahm ein Klicken, und das Licht im Flur ging an. Er atmete erleichtert auf. Dann schlichen sie in Richtung Wohnzimmer.

»Du schließt die Vorhänge«, wies Mike seinen Bruder an. »Ich schalte das Licht in der Küche ein.«

Robert wollte widersprechen, aber Mike war bereits davongeeilt.

Zögernd ging Robert auf das dunkle Wohnzimmer zu. Er blieb in der Türöffnung stehen, streckte die Hand um die Ecke und tastete nach dem Lichtschalter.

Seine Hand streifte etwas Weiches.

Er schnappte nach Luft und zog die Hand zurück.

Einen Moment lang stand er völlig still und wagte kaum zu atmen. War es nur ein Spinnennetz?

Vorsichtig streckte er die Hand noch einmal aus. Seine Finger ertasteten den Schalter. Er knipste die Deckenlampe an und starrte ungläubig in den Raum.

»O nein!«, keuchte er.

Er wollte zurückweichen – doch seine Beine weigerten sich, ihm zu gehorchen. Er stand wie erstarrt und schaute sich schockiert im Zimmer um.

Was für ein heilloses Durcheinander!

Das ganze Zimmer war völlig auf den Kopf gestellt!

Da hörte er ein schrilles Ächzen aus einem der anderen Räume.

Roberts Knie gaben nach.

»Nichts wie raus hier!«, schrie Mike. Er lief aus der Küche und drängte Robert zur Tür hinaus. Sie rannten mit eingezogenen Köpfen durch den prasselnden Regen zu ihrem Haus.

»Was war das bloß für ein Geräusch?«, fragte Mike, als sie auf ihrer eigenen Veranda in Sicherheit waren.

»Ich habe keine Ahnung«, sagte Robert, nach Atem ringend. »Und was war das für eine schreckliche Unordnung? Es sah aus, als hätte im Wohnzimmer eine Bombe eingeschlagen.«

»In der Küche war es dasselbe!«, antwortete Mike. »Überall Abfall. Was für ein Gestank!«

»Das ist kein Streich. Wir müssen Mom und Dad davon erzählen«, sagte Robert.

Sie fanden ihren Vater in einem Sessel im Wohnzimmer. Ihre Mutter legte ihm einen Verband am Arm an.

Sie schüttelte den Kopf. »Die Kellertür ist eurem Vater gegen den Arm geknallt. Er kann von Glück sagen, dass der Arm nicht gebrochen ist«.

»Mir geht's gut«, erklärte ihnen ihr Vater. »Ich bin nur froh, dass dies das letzte Mal ist, dass wir ein altes Haus renovieren. Man könnte fast meinen, dieser alte Kasten hätte es auf mich abgesehen.«

Mom lachte. »Auf mich auch. Ich habe genug von diesen Do-it-yourself-Geschichten. Von nun an ist dies unser Zuhause, und das bleibt es auch.«

»Genug für heute«, sagte Dad. Er folgte Mom mit unsicheren Schritten die Treppe hinauf. »Geht ins Bett, Kinder.«

»Ich bin in einer Minute oben, Mom«, rief Mike ihnen hinterher. Als Robert und er alleine in der Küche waren, blickten sie zum Fenster hinaus. Blitze erleuchteten den Himmel, vor dem sich das Nachbarhaus als düstere Silhouette abzeichnete.

»Wir hätten es ihnen erzählen sollen«, sagte Robert leise.

»Lass uns bis morgen früh damit warten«, meinte Mike. Er starrte aus dem Fenster. »O nein.« Er stöhnte.

»Was ist?«, sagte Robert. »Was hast du?«

»Ich habe die Schlüssel der Hodges in ihrer Küche liegen lassen. Und die Tür habe ich auch nicht abgesperrt.« Er schüttelte den Kopf. »Ich muss noch mal zurück.«

Robert schluckte. »Was? Bist du verrückt?«

»Robert, ich kann doch die Tür nicht offen stehen lassen. Komm mit und hilf mir.«

»Kommt nicht in die Tüte!«, schrie Robert.

»Nun mach schon.« Mike ließ nicht locker. »Alles, was du zu tun hast, ist, an der Haustür stehen zu bleiben und sie aufzuhalten. Ich erledige den Rest. Wirklich. Aber du musst an der Tür stehen bleiben.«

Zum ersten Mal erlebte Robert, dass sein älterer Bruder Angst zu haben schien. »Also gut«, stimmte er zu.

Rasch rannten die beiden geduckt durch den Regen zum Nachbarhaus hinüber. Mike drückte sachte gegen die Tür. Sie knarrte und schwang langsam auf. Das Licht war noch immer angeschaltet.

»Ich hole nur die Schlüssel«, flüsterte er. »Ich bin gleich wieder da.«

Robert hielt die Tür auf und sah zu, wie sein Bruder durch den Flur zur Küche hastete.

»Weißt du noch, wo du sie liegen gelassen hast?«, raunte Robert.

»Klar. Sie liegen auf dem Tisch.«

Ein ohrenbetäubender Donnerschlag ließ Mike versteinern. Das Licht flackerte zweimal auf, dann erlosch es.

Robert keuchte. »Komm zurück, Mike! Vergiss die blöden Schlüssel!«

»Keine Panik!«, rief Mike. »Ich hab sie schon. Ich komme durch den Flur zurück.«

Robert hielt den Atem an und wartete auf seinen Bruder.

Er lauschte den leisen Schritten auf dem Boden.

»He!«

Das waren zu viele Schritte! Polternde Schritte! Und sie jagten alle hinter Mike her!

»Lauf um dein Leben!«, brüllte Mike.

Es donnerte dröhnend.

Gemeinsam schossen Mike und Robert ins Freie hinaus. Robert knallte die Tür hinter sich zu.

»Halt sie zu! Lass es nicht heraus!«, kreischte Mike, dem der Regen über das angstverzerrte Gesicht rann. Er fummelte mit dem Schlüssel am Schloss herum.

Der Türgriff rüttelte heftig in Roberts Hand. »Was ist das? Was ist das?«, schrie Robert.

Etwas rumste drinnen wütend gegen die Tür.

»Ich weiß es nicht!«, kreischte Mike. »Und ich will es auch gar nicht herausfinden!«

Endlich schnappte das Türschloss zu. Robert drehte sich um und lief los – doch er kam nicht weit.

Ein blendend weißes Licht ließ die beiden jäh innehalten.

»Das Gespenst!«, würgte Robert hervor.

Eine tiefe, zornige Stimme übertönte das Brüllen des Sturms. »Was ist hier los? Was habt ihr da drin gemacht?«

Robert schirmte die Augen ab. »Mr Hodge?«, fragte er hoffnungsvoll.

»Das sind die Nachbarskinder«, sagte eine Frauenstimme. »Wir wollten euch keinen Schrecken einjagen.«

»Mrs Hodge?«, fragte Robert erleichtert.

Robert und Mike traten aus dem Scheinwerferlicht des alten Autos der Hodges. Nun konnten sie das Paar, das auf sie zukam, klar und deutlich erkennen.

»Wir sind wegen des Sturms früher nach Hause gekommen.« Mr Hodge griff nach dem Türknauf.

»Sie können da nicht reingehen!«, schrie Robert. »Irgendetwas Schreckliches ist da drinnen. Es hätte uns beinahe erwischt!«

Stirnrunzelnd sah Mrs Hodge ihren Mann an. »Ich hab dir gleich gesagt, wir hätten ihn nicht dalassen sollen.« Sie klang besorgt. »Er hat euch doch nichts zuleide getan, Jungs – oder?«

»Sie wissen von dem G-geist?«, stotterte Mike.

Mr Hodge schüttelte den Kopf. »Welchem Geist?«

Wieder wurde von der anderen Seite kräftig gegen die Tür gestoßen, und darauf folgte das schrille Quieken, das sie schon einmal gehört hatten.

Robert hielt sich die Ohren zu. Er bebte am ganzen Leib.

Mr Hodge öffnete die Haustür – und heraus kam ein rosa Schwein gewatschelt.

»Walter! Du Schlingel, du!«, gurrte Mrs Hodge. Das Schwein grunzte zur Begrüßung; dabei zuckte seine Schnauze im Regen.

»Er ist schon seit Jahren unser Haustier«, erklärte Mr Hodge. »Aber ich dachte, wir hätten ihn gut weggesperrt. Wenn er freikommt, verwüstet er nämlich fast das ganze Haus.«

»Er fürchtet sich vor Gewitter«, setzte Mrs Hodge hinzu. »Wenn er Donner hört, dreht er durch.«

»Ja, das haben wir mitbekommen!«, rief Robert.

Und dann brachen alle in Gelächter aus.

Am nächsten Tag erzählten Robert und Mike Chris und den anderen von ihrem Abenteuer. »Ihr seht, es ist also gar kein Spukhaus«, erklärte ihnen Robert. »Die Hodges halten sich ein Schwein namens Walter.«

Das Mädchen mit der Zahnspange machte ein verblüfftes Gesicht. »Das mit den Hodges und Walter weiß doch jeder«, sagte sie. »In ihrem Haus spukt es auch gar nicht, sondern im Nachbarhaus. Das leer stehende auf der linken Seite.«

»Nein, das ist es nicht!«, widersprach ihr Chris. »Es ist das Haus auf der *rechten* Seite.«

»Was? Das Haus rechts?«, keuchte Robert.

»Ja, das auf der rechten Seite«, wiederholte Chris. »Das mit dem windschiefen Schornstein.« Er wandte sich an das Mädchen mit der Zahnspange. »Kannst du denn links und rechts nicht auseinander halten?«

»Oh, stimmt. Du hast Recht«, pflichtete das Mädchen ihm bei. »Es ist das Haus auf der rechten Seite. Alle wissen, dass es in diesem Haus Geister gibt. Sehr böse und gefährliche Geister.«

»Niemand überlebt in diesem Haus«, fügte ein anderer Junge kopfschüttelnd hinzu.

Chris wandte sich an Robert und Mike. »Übrigens, wo wohnt ihr denn eigentlich?«, fragte er.

Anton P. Tschechow

Eine Schreckensnacht

Iwan Petrowitsch Gräbermann wurde blass, schraubte die Lampe niedrig und begann in aufgeregtem Ton zu erzählen:

»Dichte schwarze Finsternis hing über der Erde, als ich in der Nacht vor Weihnachten 1883 von einem jetzt verstorbenen Freunde, bei dem ich einer spiritistischen Sitzung beigewohnt hatte, in meine Wohnung zurückkehrte. Die Gassen, die ich durchschritt, waren nicht beleuchtet, und ich musste mich fast nur mittels meines Tastsinns zurechtfinden. Ich wohnte in Moskau bei der Mariä-Himmelfahrts-Kirche auf dem Gottesacker, im Haus des Beamten Leichner, also in einer der ödesten Gegenden des Arbatschen-Stadtteils. Schwere und niederdrückende Gedanken beschäftigten mich während des Heimwegs. Dein Leben nähert sich dem Ende … Tue Buße …

Dies war der Satz, den bei der Sitzung Spinoza zu mir gesprochen hatte, dessen Geist zu zitieren uns gelungen war. Ich hatte um eine Wiederholung des Satzes gebeten, und das Schüsselchen hatte ihn nicht nur wiederholt, sondern sogar noch hinzugefügt: Heute Nacht!

Ich glaube nicht an den Spiritismus, aber der Gedanke an den Tod, ja, schon eine Hindeutung auf ihn, versetzten mich in trübe Stimmung. Der Tod, meine

Herrschaften, ist etwas Unvermeidliches, etwas Alltägliches; aber nichtsdestoweniger ist der Gedanke an ihn der menschlichen Natur zuwider … Und jetzt gar, wo undurchdringlich kalte Finsternis mich umgab und die Regentropfen vor meinen Augen in tollem Wirbel rasten und über mir der Wind kläglich stöhnte, jetzt, wo ich ringsumher keine lebende Seele sah und keinen menschlichen Laut hörte, erfüllte eine unbeschreibliche Furcht mein Herz. Obgleich ich ein vorurteilsfreier Mensch bin, hastete ich doch vorwärts und fürchtete mich, seitwärts zu blicken oder mich umzusehen. Ich hatte die Vorstellung, wenn ich mich umsähe, so würde ich mit Sicherheit den Tod in Gestalt eines Gespenstes erblicken.«

In heftiger Erregung seufzte Gräbermann auf, trank einen Schluck Wasser und fuhr dann fort:

»Diese undefinierbare, aber Ihnen gewiss verständliche Angst verließ mich auch dann nicht, als ich zum vierten Stock des Leichnerschen Hauses hinaufgestiegen war, die Tür aufschloss und in mein Zimmer trat. In meiner bescheidenen Wohnung war es dunkel. Im Ofen wimmerte der Wind und klopfte, als heische er Einlass in den warmen Raum, an der Luftklappe.

Wenn man Spinoza Glauben schenken darf, sagte ich lächelnd vor mich hin, so muss ich heute Nacht bei diesem Klagelied des Windes sterben. Das ist doch ein drückendes Gefühl. Ich strich ein Zündholz an … Ein wütender Windstoß lief über das Hausdach hin. Das leise Klagelied verwandelte sich in ein zorniges Gebrüll. Unten irgendwo klappte ein zur Hälfte aufgerissener Fensterladen, und die Luftklappe meines Ofens winselte kläglich um Hilfe … Traurig, wer in einer solchen Nacht ohne Obdach ist, dachte ich.

Aber ich hatte keine Zeit, mich solchen Betrachtungen hinzugeben. Als an meinem Streichholz der Schwefel mit bläulichem Flämmchen aufbrannte und ich einen flüchtigen Blick durch mein Zimmer warf, bot sich mir ein unerwarteter und furchtbarer Anblick dar … Wie schade, dass der Windstoß nicht mein Streichholz erreicht hatte! Dann hätte ich vielleicht nichts gesehen, und meine Haare hätten sich nicht vor Schrecken aufgerichtet. Ich schrie auf, tat einen Schritt nach der Tür und schloss vor Bestürzung, Entsetzen und sinnloser Angst die Augen …

Mitten in meinem Zimmer stand ein Sarg.

Das Flämmchen hatte nicht lange gebrannt, aber ich hatte doch Zeit gehabt, die Umrisse des Sarges deutlich zu erkennen. Ich hatte den rosa, von Flittern glitzernden Glanzstoff gesehen, sowie das Kreuz aus Goldtresse auf dem Deckel. Es gibt Dinge, meine Herrschaften, die sich dem Gedächtnis einprägen, selbst wenn man sie nur einen einzigen Augenblick gesehen hat. So war es auch mit diesem Sarg. Nur eine Sekunde lang hatte ich ihn gesehen, aber noch heute erinnere ich mich seiner in allen Einzelheiten. Es war ein Sarg für einen mittelgroßen Menschen, und zwar, nach der rosa Farbe zu urteilen, für ein junges Mädchen. Der teure Glanzstoff, die kostbaren Füße, die Bronzegriffe, alles sprach dafür, dass die Verstorbene reich gewesen war. Hals über Kopf lief ich aus meinem Zimmer hinaus und eilte, ohne zu denken und zu überlegen, nur von einer unaussprechlichen Angst getrieben, die Treppe hinab. Auf dem Flur und der Treppe war es dunkel; meine Beine verwickelten sich in den Schößen meines Pelzes, und dass ich nicht niederstürzte und mir das Genick brach, war ein wahres Wunder. Auf der Straße lehnte ich mich an einen nassen Laternenpfahl und rang nach Fassung. Mein Herz schlug furchtbar, ich konnte kaum atmen …«

Eine der Zuhörerinnen drehte die Lampe höher und rückte näher an den Erzähler heran, dieser fuhr fort:

»Ich hätte mich nicht gewundert, wenn ich in meinem Zimmer eine Feuersbrunst, einen Dieb, einen tollen Hund vorgefunden hätte … Ich hätte mich nicht gewundert, wenn die Zimmerdecke niedergestürzt, der Fußboden durchgebrochen, die Wände zusammengefallen wären … All so etwas ist natürlich und verständlich. Aber wie war ein Sarg in mein Zimmer geraten? Wo war er hergekommen? Ein teurer Sarg, offenbar für ein weibliches Wesen aus der Aristokratie verfertigt, wie hatte der sich in die dürftige Stube eines niederen Beamten verirren können? War er leer, oder lag in ihm ein Leichnam? Wer war sie, die frühzeitig aus dem Leben geschiedene reiche Dame, die mir einen so seltsamen und schrecklichen Besuch abstattete? Qualvolles Rätsel!

Mir fuhr der Gedanke durch den Kopf: Wenn dies nicht ein Wunder ist, so liegt ein Verbrechen vor.

Ich erschöpfte mich in Mutmaßungen. Die Tür war während meiner Abwesenheit verschlossen gewesen, und der Platz, wo sich der Schlüssel befand, war nur meinen nächsten Freunden bekannt. Aber Freunde konnten mir doch keinen Sarg hinstellen. Denkbar war auch, dass der Sarg von den Leuten eines Sargfabrikanten irrtümlich zu mir gebracht worden war. Aber wer wüsste nicht, dass solche Leute nicht aus dem Zimmer gehen, ehe sie nicht die Bezahlung für ihre Arbeit oder wenigstens ein Trinkgeld erhalten haben?

Die Geister haben mir den Tod vorausgesagt, dachte ich. Haben sie sich vielleicht schon die Mühe gemacht, mich mit einem Sarg zu versorgen?

Meine Herrschaften, ich bin und war kein Anhänger des Spiritismus, aber ein solches Zusammentreffen kann selbst einen Philosophen in mystische Seelenstimmung versetzen.

Aber das ist ja lauter Dummheit, und ich bin ängstlich wie ein Schuljunge, sagte ich schließlich bei mir. Es ist eine optische Täuschung gewesen, weiter nichts! Auf dem Heimweg bin ich so trübselig gestimmt gewesen, dass es kein Wunder ist, wenn meine überreizten Nerven einen Sarg sahen … Jedenfalls eine optische Täuschung! Was denn sonst?

Der Regen schlug mir ins Gesicht, und der Wind zerrte grimmig an den Schößen meines Pelzes und an meiner Mütze … ich fror und wurde völlig durchnässt. Ich musste gehen … aber wohin? Sollte ich in meine Wohnung zurückkehren? Damit hätte ich mich der Gefahr ausgesetzt, den Sarg noch einmal zu erblicken, und das wäre über meine Kräfte gegangen. Wenn ich keine lebende Seele um mich sah, keinen menschlichen Laut hörte und allein, ganz allein mit dem Sarg blieb, in dem vielleicht ein Leichnam lag, so konnte ich den Verstand verlieren. Aber auf der Straße zu bleiben, im strömenden Regen und in der Kälte, war unmöglich.

Ich beschloss, mich zu meinem Freunde Todt zu begeben und bei ihm zu übernachten. Er hat sich, wie Ihnen bekannt ist, später erschossen. Damals hatte er ein möbliertes Zimmer in dem Haus des Kaufmanns Schädler in der Leichengasse.«

Gräbermann wischte sich den kalten Schweiß ab, der ihm auf das bleiche Gesicht getreten war, und fuhr schwer aufseufzend fort:

»Ich traf meinen Freund nicht zu Hause. Nachdem ich an seine Türe geklopft und mich überzeugt hatte, dass er nicht da war, tappte ich auf der Schwelle nach dem Schlüssel, schloss die Tür auf und trat ein. Ich zog meinen nassen Pelz aus und ließ ihn auf den Erdboden fallen, dann tastete ich mich im Dunkeln nach dem Sofa hin und setzte mich, um mich zu erholen. Es war finster. In dem Ventilationsfenster pfiff melancholisch der Wind. Am Ofen zirpte ein Heimchen ein eintöniges Lied. Im Kreml läuteten die Glocken zur Weihnachtsfrühmesse. Ich beeilte mich, ein Zündholz anzustreichen. Aber das Licht befreite mich nicht von meiner traurigen Stimmung, im Gegenteil. Ein furchtbarer, unsäglicher Schreck ergriff mich von neuem … Ich schrie auf, erhob mich taumelnd und stürzte, fast bewusstlos, aus dem Zimmer. In dem Zimmer meines Kollegen hatte ich dasselbe gesehen wie in dem meinigen: einen Sarg!

Der Sarg meines Kollegen war fast noch einmal so groß wie der meinige, und die braune Verkleidung verlieh ihm ein besonders trauriges Aussehen. Wie war er hierher gekommen? Dass es eine optische Täuschung war, daran konnte ich nicht mehr zweifeln. Es konnte doch nicht in jedem Zimmer ein Sarg sein.

Ich verliere den Verstand!, dachte ich entsetzt und griff nach meinem Kopf. Mein Gott! Was soll ich nur anfangen?

Der Kopf wollte mir platzen; die Knie knickten mir ein ... Ich stand auf der Straße; der Regen strömte wie aus Eimern herab, der Wind blies beinahe durch mich hindurch, und ich hatte weder den Pelz an noch die Mütze auf. Nach dem Zimmer meines Freundes zurückzukehren, um sie zu holen, das kam nicht in Frage, das wäre über meine Kräfte gegangen ... Die Furcht hielt mich eng und fest in ihre kalten Arme geschlossen. Meine Haare sträubten sich, kalter Schweiß strömte über mein Gesicht, obgleich ich an eine Halluzination glaubte.

Was war zu tun?«, fuhr Gräbermann fort. »Ich kam von Sinnen und lief Gefahr, mich furchtbar zu erkälten. Zum Glück fiel mir ein, dass nicht weit von der Leichengasse ein guter Freund von mir wohnte, ein Arzt (beiläufig: er ist erst vor kurzem gestorben); er hieß Kirchhoff und war mit mir in jener Nacht bei der spiritistischen Sitzung gewesen. Zu dem eilte ich ... Er war damals noch nicht mit einer reichen Kaufmannstochter verheiratet, sondern wohnte in einem Hotel im fünften Stockwerk eines Hauses, das dem Staatsrat Sterbhausen gehörte.

Bei Kirchhoff war es meinen Nerven beschieden, noch eine neue Marter zu erdulden. Als ich zum fünften Stockwerk hinaufstieg, hörte ich einen schrecklichen Lärm. Oben lief jemand mit heftigen Schritten und schlug mit den Türen.

Dann erscholl ein durchdringendes Geschrei: ›Hilfe, Hilfe, Hausknecht!‹

Einen Augenblick darauf stürmte die Treppe herab eine dunkle Gestalt im Pelz mit zerdrücktem Zylinderhut ...

›Kirchhoff!‹, rief ich, als ich meinen Freund erkannte, ›Sie sind es, was ist mit Ihnen?‹

Kirchhoff blieb bei mir stehen und packte mich krampfhaft am Arm. Er war blass, atmete nur mühsam und zitterte. Seine Augen fuhren wild umher, seine Brust keuchte ...

›Sind Sie es, Gräbermann?‹, fragte er mit hohler Stimme, ›aber sind Sie es auch wirklich? Sie sehen so bleich aus wie ein Toter? Hören Sie, sind Sie nicht vielleicht auch nur eine Vision? Mein Gott ... Sie sehen schrecklich aus ... Aber was ist mit Ihnen? Ihr Gesicht ist ja ganz entstellt?

›Ach, lassen Sie mich nur erst zu Atem kommen, Teuerster ... Ich freue mich, Sie getroffen zu haben, wenn Sie es wirklich sind und nicht bloß eine optische Täuschung. Die verfluchte spiritistische Sitzung ... Sie hat meine Nerven so zerrüttet, dass ich, denken Sie nur, soeben bei der Rückkehr in meinem Zimmer einen Sarg gesehen habe!‹

Ich traute meinen Ohren nicht und bat ihn, es doch noch einmal zu sagen.

›Einen Sarg, einen wirklichen Sarg‹, sagte der Doktor und setzte sich erschöpft auf die Treppenstufe. Dann fuhr er fort:

›Ich bin keine Memme, aber da würde ja der leibhaftige Teufel erschrecken, wenn er nach einer spiritistischen Sitzung im Dunkeln gegen einen Sarg anrennt!‹

Verwirrt und stotternd erzählte ich dem Doktor von den Särgen, die ich selbst gesehen hatte.

Mit weit aufgerissenen Augen, den Mund vor Verwunderung öffnend, sahen wir einander eine Minute lang an. Dann begannen wir, um uns zu überzeugen, dass wir nicht fantasierten, uns wechselseitig zu kneifen.

›Wir empfinden beide Schmerz‹, sagte der Doktor, ›folglich schlafen wir jetzt nicht und träumen nicht etwa nur voneinander. Somit sind die Särge, der meinige und der Ihre, keine optischen Täuschungen, sondern etwas wirklich Existierendes. Was sollen wir nun machen, bester Freund?‹

Nachdem wir eine volle Stunde auf der kalten Treppe gestanden und uns in Vermutungen und Hypothesen erschöpft hatten, froren wir entsetzlich und beschlossen, die kleinmütige Furcht abzuschütteln, den Kellner zu wecken und mit ihm in das Zimmer des Arztes zu gehen. Dies führten wir auch aus. Beim Eintritt in das Zimmer zündeten wir eine Kerze an und erblickten einen Sarg, mit weißem Glanzstoff verkleidet mit goldenen Fransen und Quasten. Der Kellner bekreuzigte sich fromm.

›Jetzt können wir feststellen‹, sagte der bleiche Doktor, am ganzen Leibe zitternd, ›ob dieser Sarg leer ist, oder ob ... er einen Bewohner beherbergt.‹ Nach einem langen, sehr begreiflichen Zaudern bückte sich der Doktor und riss, vor ängstlicher Erwartung die Zähne zusammenbeißend, den Deckel vom Sarge. Wir blickten hinein ... der Sarg war leer.

Ein Toter lag nicht drin, aber stattdessen fanden wir einen Brief folgenden Inhalts:

Lieber Kirchhoff!

Du weißt, dass die Vermögensverhältnisse meines Schwiegervaters schrecklich zerrüttet sind. Er steckt bis zum Hals in Schulden.

Morgen oder übermorgen wird sein Vermögen mit Beschlag belegt werden, und dies wird seine Familie sowie die meinige völlig zugrunde richten. In dem gestrigen Familienrat haben wir beschlossen, alle wertvollen und kostbaren Besitzgegenstände zu verbergen. Da die Habe meines Schwiegervaters in Särgen besteht (er ist, wie du weißt, der größte Sargmacher der Stadt), so haben wir uns dafür entschieden, die besten Särge zu verbergen. Ich wende mich an dich als meinen Freund: Hilf mir und rette unser Vermögen. In der Hoffnung, dass du uns behilflich sein wirst, unser Eigentum zu erhalten, sende ich dir, liebster Freund, einen Sarg, den ich dich bitte, in deiner Wohnung zu verstecken und bis zur Rückforderung aufzubewahren. Ohne die Hilfe unserer Bekannten und Freunde sind wir ruiniert. Ich hoffe, du wirst mir meine Bitte nicht abschlagen, namentlich, da der Sarg bei dir nicht länger als eine Woche stehen wird. Allen, die ich für unsere wahren Freunde halte, habe ich je einen Sarg zugesandt und setze meine Hoffnung auf ihre hochherzige und edle Denkweise.

Dein dich liebender Iwan Tschuljustin

Nach diesen Erlebnissen befand ich mich wegen eines Nervenschocks drei Monate lang in ärztlicher Behandlung; unser Freund aber, der Schwiegersohn des Sargfabrikanten, hatte sein Vermögen gerettet, er hat jetzt ein Beerdigungskontor und handelt mit Grabdenkmälern und Grabsteinen. Sein Geschäft geht nicht besonders gut, und jeden Abend, wenn ich heimkomme, fürchte ich jetzt immer, neben meinem Bett ein weißes Marmordenkmal zu erblicken.«

Agatha Christie
Die Lampe

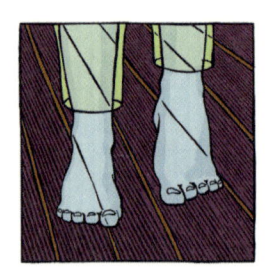

Es war unzweifelhaft ein altes Haus. Der ganze Ort war alt, von jenem abweisenden, ehrwürdigen Alter, das man so oft in Städten mit Kathedralen trifft. Das Haus Nummer 19 machte den Eindruck, als sei es das älteste von allen. Es stand in wahrhaft patriarchalischer Strenge – seine Türmchen waren vom grauesten Grau, von der hochmütigsten Hochmütigkeit, vom frostigsten Frost. Streng, achtungsgebietend und von der besonderen Einsamkeit geprägt, die allen Häusern eigen ist, die lange Zeit unbewohnt sind, dominierte es über die anderen Wohnhäuser.

In jeder anderen Stadt hätte man es sicherlich als Spukhaus bezeichnet, aber Weyminster hegte einen tiefen Widerwillen gegen Geister und betrachtete sie im Allgemeinen nicht als verehrungswürdig, außer wenn es sich um frühere Angehörige der Grafschaftsfamilie handelte. So wurde dem Haus das Gerücht des Spuks verwehrt. Es stand Jahr für Jahr »zu vermieten« und »zu verkaufen«.

Mrs Lancaster betrachtete das Haus wohlwollend, als es ihr der geschwätzige Immobilienmakler zeigte. Er war ungewöhnlich heiterer Stimmung bei dem Gedanken, die Nummer 19 bald aus seinen Büchern streichen zu können. Als er den Schlüssel ins Haustürschloss steckte, redete er ununterbrochen auf sie ein und sparte weder mit lobenden Kommentaren noch mit Komplimenten.

»Wie lange steht das Haus leer?«, erkundigte sich Mrs Lancaster, indem sie seinen Wortschwall brüsk unterbrach.

Mr Raddish von der Firma Raddish & Foplow wand sich verlegen.

»Äh – äh – einige Zeit«, bemerkte er sanft.

»Das habe ich mir gedacht«, sagte Mrs Lancaster trocken. Die spärlich beleuchtete Vorhalle war eiskalt, feucht und düster. Eine fantasievollere Frau hätte einen unheimlichen Schauer verspürt, aber diese Frau war ausschließlich praktisch veranlagt. Sie war hoch gewachsen, ihr Haar war dunkelbraun und voll, mit einem leichten grauen Schimmer, und ihre Augen waren von kaltem Blau.

Sie untersuchte das Haus vom Speicher bis zum Keller genau und stellte von Zeit zu Zeit Fragen. Als die Inspektion vorbei war, ging sie in eines der Zimmer, deren Fenster zur Straße lagen, und blickte mit entschlossener Miene dem Agenten ins Auge.

»Was ist mit diesem Haus los?«

Mr Raddish tat sehr verwundert.

»Ein unbewohntes Haus wirkt immer ein wenig unheimlich. Das ist natürlich«, parierte er schwach.

»Unsinn«, sagte Mrs Lancaster. »Die Miete ist lächerlich niedrig für das Haus, rein nominell – so, als ob man aus bestimmten Gründen sich nicht getrauen würde, es gleich zu verschenken. Dafür muss es doch einen Grund geben. Ich nehme an, es spukt hier.«

Mr Raddish schüttelte nervös auflachend den Kopf, sagte aber nichts. Mrs Lancaster beobachtete ihn neugierig. Nach einigen Augenblicken sprach sie weiter. »Natürlich ist das Unsinn, ich glaube nicht an Geister oder Ähnliches, und es hat keinen Einfluss darauf, ob ich das Haus nehme oder nicht. Aber die Bediensteten sind leider abergläubisch und ängstlich. Es wäre also nett von Ihnen, mir zu erzählen, welcher Art der Spuk in diesem Haus sein soll.«

»Äh, das weiß ich wirklich nicht«, stammelte der Häuseragent.

»Doch, Sie wissen es«, sagte die Dame ruhig. »Ich kann das Haus nicht nehmen, wenn ich das nicht weiß. Was war los? Ein Mord?«

»Nein, nein!«, rief Mr Raddish, empört bei dem Gedanken, dass etwas so Entsetzliches mit der Ehrbarkeit des Platzes in Verbindung gebracht werden konnte. »Es ist – es ist ein Kind.«

»Ein Kind?«

»Ja. Ich kenne die Geschichte nicht genau«, begann er zögernd. »Es gibt die verschiedensten Versionen, aber ich hörte, dass vor ungefähr dreißig Jahren ein Mann namens William die Nummer 19 nahm. Niemand wusste etwas über ihn. Er hielt keine Diener. Er hatte keine Freunde. Er ging tagsüber selten aus. Er hatte ein Kind, einen kleinen Jungen. Nachdem er zwei Monate hier gewesen war, ging er nach London, und kaum hatte er den Fuß in die Stadt gesetzt, als man ihn als einen »von der Polizei Gesuchten« erkannte. Weswegen, weiß ich nicht. Aber es muss ein schweres Verbrechen gewesen sein, denn bevor man ihn fassen konnte, zog er es vor, sich selbst zu erschießen. In der Zwischenzeit war das Kind hier allein in dem Haus. Es hatte zwar noch für eine Zeit lang zu essen, aber es wartete vergeblich Tag für Tag darauf, dass sein Vater zurückkäme. Unglücklicherweise war ihm eingetrichtert worden, unter keinen Umständen das Haus zu verlassen noch mit jemandem zu sprechen. Es war ein schwaches, kränkliches, kleines Geschöpf und dachte nicht im Traum daran, dem Befehl seines Vaters zuwiderzuhandeln. Nachts hörten es die Nachbarn, die nicht wussten, dass sein Vater fortgegangen war, oft in der schrecklichen Einsamkeit und Verlassenheit des düsteren Hauses wimmern.«

Mr Raddish machte eine Pause.

»Und dann ist das Kind verhungert«, schloss er im gleichen Tonfall, in dem er auch hätte sagen können, es würde gleich zu regnen anfangen.

»Und jetzt nimmt man an, dass der Geist des Kindes in dem Haus herumspukt?«, fragte Mrs Lancaster besorgt.

»Es ist nichts von Bedeutung«, beeilte sich Mr Raddish zu versichern. »Man hat nie etwas gesehen, nur – es ist natürlich lächerlich, wenn die Leute behaupten, sie hörten das Kind weinen, wissen Sie.«

Mrs Lancaster ging auf die Haustür zu.

»Mir gefällt das Haus«, entschied sie. »Für diesen Preis werde ich nichts Besseres finden. Ich werde darüber nachdenken, dann gebe ich Ihnen Bescheid.«

»Es sieht wirklich heiter aus, nicht wahr, Papa?«

Mrs Lancaster betrachtete ihr neues Besitztum voller Genugtuung. Bunte Teppiche, polierte Möbel und viele Nippsachen hatten die Nummer 19 mit ihrer Düsterkeit völlig verwandelt.

Sie sprach mit einem mageren, etwas gebeugten alten Mann mit krummen Schultern und einem fein geschnittenen, geheimnisvollen Gesicht.

Mr Winburn hatte keinerlei Ähnlichkeit mit seiner Tochter, man konnte sich kaum einen stärkeren Gegensatz vorstellen. Sie war resolut und praktisch, er verträumt und abwesend.

»Ja«, antwortete er lächelnd, »keiner käme auf die Idee, in dem Haus einen Spuk zu vermuten.«

»Papa, rede keinen Unfug! Und das an unserem ersten Tag.«

Mr Winburn lächelte. »Nun gut, mein Liebling, einigen wir uns darauf, dass es so etwas wie Geister nicht gibt.«

»Und bitte«, fuhr Mrs Lancaster fort, »erwähne nichts davon vor Geoff. Er hat zu viel Fantasie.«

Geoff war Mrs Lancasters kleiner Bub. Die Familie bestand aus Mr Winburn, seiner verwitweten Tochter und Geoffrey.

Der Regen schlug gegen die Fensterscheiben – tripp-trapp, tripp-trapp.

»Hör mal?«, fragte Mr Winburn. »Klingt das nicht wie kleine Schritte?«

»Es klingt nach Regen«, sagte Mrs Lancaster mit einem Lächeln. »Aber das –

das sind Schritte!«, schrie ihr Vater und beugte sich vor, um besser lauschen zu können.

Mrs Lancaster lachte laut auf.

»Tatsächlich, du hast Recht. Da kommt Geoff die Treppe herunter.«

Mr Winburn musste auch lachen. Sie tranken Tee im Salon, und er hatte mit dem Rücken zur Treppe gesessen. Jetzt rückte er seinen Stuhl herum, um besser zur Treppe sehen zu können.

Da kam gerade der kleine Geoffrey herunter, ziemlich langsam und zögernd, mit der Scheu des Kindes vor einem fremden Haus. Die Treppen waren aus polierter Eiche, und es lag kein Läufer darauf. Er kam herüber und stellte sich neben seine Mutter. Mr Winburn fuhr leicht hoch. Während das Kind durch die Halle gekommen war, hatte er deutlich andere Fußtritte auf der Treppe gehört. Wie von jemandem, der Geoffrey nachschlich. Schleppende Schritte, die merkwürdig gequält klangen.

Dann zuckte Mr Winburn ungläubig die Achseln. »Sicher der Regen, sicher der Regen«, dachte er.

»Ich sehe, ihr habt Sandkuchen«, bemerkte Geoff mit der bewundernswert unbeteiligten Miene von jemandem, der eine interessante Tatsache hervorhebt.

Seine Mutter beeilte sich, seinem Wink zu entsprechen.

»Nun, mein Schatz, wie gefällt dir dein neues Heim?«, fragte sie.

»Au, prima«, entgegnete Geoffrey, eifrig kauend. »Ganz prima, einmalig.«

Nach dieser letzten Aussage, die offensichtlich Ausdruck tiefster Zufriedenheit war, verfiel er in Schweigen, einzig noch bedacht, den Sandkuchen in kürzestmöglicher Frist aus menschlicher Sicht zu entfernen. Nachdem er den letzten Bissen hinuntergeschlungen hatte, begann er zu erzählen.

»Oh, Mami, hier gibt's Speicher, sagt Jane. Kann ich gleich mal raufgehen und sie untersuchen? Vielleicht gibt's da Geheimtüren. Jane sagt, es gebe keine, aber es gibt doch welche – bestimmt, und ich weiß auch, dass es dort Wasserleitungen gibt. Kann ich damit spielen, und darf ich mal den Boiler sehen?«

Das vorletzte Wort hatte er mit einer solchen Begeisterung ausgesprochen, wobei seinem Großvater ärgerlich einfiel, dass dieses Objekt kindlichen Entzückens in seiner eigenen Beurteilung leider nur die Vorstellung von heißem Wasser, das gar nicht warm war, und von hohen und zahlreichen Rechnungen der Rohrleger hervorrief.

»Die Speicher werden wir uns morgen ansehen, mein Kind«, sagte Mrs Lancaster. »Wie wäre es denn, wenn du dir deine Bauklötze holtest und ein hübsches Haus bautest? Oder eine Lokomotive?«

»Will aber kein Haus bauen. Kein Haus und auch keine Lokomotive.«

»Bau doch einen Boiler«, schlug der Großvater vor.

Geoffrey strahlte.

»Mit Leitungen?«

»Ja, mit ganz vielen Leitungen, hörst du?«

Geoffrey rannte schon glückstrahlend los, seine Bauklötze zu holen.

Es regnete noch immer. Mr Winburn lauschte. Ja, es musste doch wohl der Regen gewesen sein, was er da gehört hatte; aber es hatte sich täuschend ähnlich wie Schritte angehört.

In der darauf folgenden Nacht hatte er einen sonderbaren Traum. Er träumte, er spaziere durch die Stadt, eine Großstadt, wie ihm schien. Aber es war eine Kinderstadt. Es gab überhaupt keine Erwachsenen darin; nur Kinder, in ganzen Mengen. In seinem Traum rannten sie alle auf den Fremden zu, indem sie schrien: »Hast du ihn mitgebracht?« Ihm schien, er habe verstanden, was sie meinten, und schüttelte den Kopf. Als die Kinder das sahen, wandten sie sich ab und begannen zu weinen und bitterlich zu schluchzen. Die Stadt und die Kinder entschwanden, und er erwachte.

Er lag in seinem Bett, aber das bitterliche Schluchzen war noch in seinen Ohren. Obwohl hellwach, hörte er es ganz deutlich. Da fiel ihm ein, dass Geoffrey im Stockwerk unter ihm schlief, während das Geräusch kindlichen Jammers von oben kam. Er setzte sich auf und zündete ein Streichholz an. Sofort hörte das Schluchzen auf.

Mr Winburn sagte seiner Tochter nichts von seinem Traum und dem, was er gehört hatte. Er war davon überzeugt, dass es kein Streich oder gar eine Einbildung seinerseits war. Tatsächlich hörte er bald darauf wieder etwas, und zwar am helllichten Tag. Der Wind heulte im Kamin, aber da war noch ein anderes Geräusch – deutlich hörbar: herzzerreißende kleine Schluchzer.

Er bekam auch bald heraus, dass er nicht der Einzige war, der dies hörte. Er kam hinzu, wie das Dienstmädchen zum Stubenmädchen sagte, dass sie glaube, das Kindermädchen sei nicht gut zum kleinen Geoffrey, denn sie hätte gehört, wie schrecklich er heute Morgen geweint habe. Später kam Geoffrey zum Frühstück und zum Mittagessen herunter, strahlend vor Gesundheit und Glück. Und

Mr Winburn wusste, dass es nicht Geoffrey gewesen sein konnte, den das Dienstmädchen weinen gehört hatte, sondern das andere Kind, dessen schleppende Schritte ihn mehr als einmal hatten hochfahren lassen.

Nur Mrs Lancaster hörte nichts. Ihre Ohren waren vielleicht nicht empfänglich für Geräusche aus einer anderen Welt. Doch eines Tages erhielt auch sie einen Schock.

»Mami«, sagte Geoffrey mit kläglicher Stimme. »Ich möchte, dass du mich mit dem kleinen Jungen spielen lässt.«

Mrs Lancaster sah mit einem Lächeln von ihrem Schreibtisch auf.

»Mit was für einem Jungen denn, mein Liebling?«

»Ich weiß nicht, wie er heißt. Er war auf dem Speicher, er saß da auf dem Fußboden und weinte, aber er rannte weg, als er mich sah. Ich glaube, er ist sehr scheu«, – ein Schimmer von Zufriedenheit huschte dabei über Geoffreys Gesichtchen –, »nicht wie ein richtiger Junge; und dann, als ich im Spielzimmer war, habe ich ihn wieder gesehen. Er stand in der Tür und sah mir zu, wie ich mit den Bauklötzen spielte, dabei sah er so schrecklich allein aus und so, als ob er mit mir spielen wollte. Ich habe gesagt: ›Komm und bau eine Lokomotive!‹ Aber er sagte nichts, er schaute nur so. Weißt du, Mami – als ob er ganz viel Schokolade sähe, aber seine Mami ihm verboten hätte, davon zu nehmen.«

Geoffrey seufzte tief, traurige persönliche Erinnerungen aus seinem Kinderleben erfüllten ihn.

»Und dann hab ich Jane gefragt, wer das wäre, und ich habe ihr gesagt, dass ich mit ihm spielen möchte. Da hat sie geantwortet, es sei gar kein kleiner Junge im Haus, und ich solle kein dummes Zeug reden ... Ich mag Jane nicht.«

Mrs Lancaster stand auf.

»Jane hat aber Recht. Es gibt hier keinen kleinen Jungen.«

»Aber ich habe ihn doch gesehen. O Mami, lass mich doch mit ihm spielen, er sah so schrecklich allein aus und so unglücklich. Ich will, dass er sich wohler fühlt.«

Gerade wollte Mrs Lancaster wieder etwas sagen, als ihr Vater den Kopf schüttelte.

»Geoff«, sagte er sanft, »dieser arme kleine Junge ist allein. Vielleicht kannst du etwas tun, damit er sich wohler fühlt; aber wie, das kannst nur du selber herausfinden – wie in einem Puzzlespiel, verstehst du?«

»Du meinst, weil ich jetzt schon so groß bin, kann ich das ganz allein?«

»Ja, weil du jetzt schon so groß bist.«

Als der Junge aus dem Zimmer gegangen war, wandte sich Mrs Lancaster ungeduldig ihrem Vater zu. »Papa, das ist doch wirklich absurd. Du bestätigst dem Jungen das, was er von den Dienstmädchen hört?«

»Kein Dienstmädchen hat dem Kind etwas erzählt«, sagte der alte Mann freundlich. »Er hat nur gesehen, was ich nur gehört habe – was ich vielleicht selber gesehen hätte, wenn ich noch in seinem Alter wäre.«

»Aber das ist doch ein kompletter Unfug! Warum höre oder sehe ich denn nichts?«

Mr Winburn lächelte, ein merkwürdiges müdes Lächeln, aber er antwortete nichts.

»Warum?«, wiederholte seine Tochter. »Und warum hast du ihm auch noch gesagt, er könne diesem – diesem Gespenst helfen? Das ist doch – das ist doch unmöglich.«

Der alte Mann sah sie freundlich und nachdenklich an.

»Warum nicht?«, sagte er. »Hast du das kleine Gedicht vergessen?

›Welche Lampe hat die Bestimmung, ihre kleinen Kinder, die im Dunkeln irren, zu führen? Ein sechster Sinn, antwortete der Himmel.‹

Geoffrey hat ihn – den ›sechsten Sinn‹. Alle Kinder haben ihn. Wenn wir erwachsen werden, verlieren wir ihn, das heißt, wir werfen ihn fort. Wenn wir dann wieder ganz alt werden, kommt manchmal ein schwacher Abglanz davon zurück. Aber diese Lampe leuchtet in der Kindheit am hellsten.«

»Ich verstehe kein Wort«, murmelte Mrs Lancaster schwach.

»Alles verstehe ich auch nicht. Nur eines habe ich sicherlich verstanden, dass hier ein Kind tiefen Kummer hat und sich nur eines wünscht – davon befreit zu werden. Aber wie? Ich weiß es nicht, aber es ist schrecklich, es zu wissen. Das Kind schluchzt sich das Herz aus dem Leibe.«

Einen Monat nach dieser Unterhaltung wurde Geoffrey krank. Der Ostwind war kalt gewesen, und Geoff war kein sehr widerstandsfähiges Kind. Der Arzt schüttelte den Kopf und sagte, es sei ein ernster Fall. Mr Winburn vertraute er etwas mehr an und bekannte, dass es ziemlich hoffnungslos wäre.

»Auf jeden Fall würde das Kind unter gar keinen Umständen so lange leben können, bis es erwachsen wäre«, fügte er hinzu. »Es hat schon lange einen schweren Lungenschaden.«

Als Mrs Lancaster Geoff pflegte, bemerkte auch sie etwas – von dem anderen Kind. Zuerst waren die Schluchzer ein kaum zu unterscheidender Teil des Windbrausens, aber allmählich wurden sie immer deutlicher, unmissverständlicher. Schließlich hörte sie sie auch in Momenten völliger Stille: das Schluchzen eines Kindes – trostlos, hoffnungslos, mit gebrochenem Herzen.

Geoffs Gesundheitszustand wurde zusehends schlechter, und in seinem Delirium sprach er wieder und wieder von dem kleinen Jungen.

»Ich will ihm helfen, hier wegzukommen, ich will!«, schrie er.

Auf das Delirium folgte ein Zustand der Lethargie. Geoffrey lag ganz still, er atmete kaum, ganz in Abwesenheit versunken.

Da konnte man nichts mehr tun, nur warten und wachen. Dann eine ruhige Nacht, still und klar, ohne einen einzigen Windhauch.

Plötzlich bewegte sich das Kind. Es öffnete die Augen. Es sah an seiner Mutter vorbei zur offenen Tür. Es versuchte zu sprechen, und sie beugte sich zu ihm herab, um die leise gehauchten Worte zu hören.

»Es ist gut, ich komme«, flüsterte es, dann sank es zurück.

Die Mutter empfand plötzlich lähmendes Entsetzen, sie rannte durch das Zimmer zu ihrem Vater. Irgendwo in der Nähe lachte das andere Kind. Fröhlich, zufrieden, triumphierend – ein silberhelles Lachen echote durch den Raum.

»Ich habe Angst. Ich habe solche Angst«, stöhnte sie.

Er legte schützend den Arm um ihre Schultern. Ein plötzlicher Windstoß ließ beide auffahren, aber er legte sich rasch wieder, und die Luft war wieder ruhig wie zuvor.

Das Lachen hatte aufgehört, als ein leises Geräusch entstand, so schwach, dass man es zuerst kaum hören konnte, doch es wurde lauter und lauter, bis sie es ganz deutlich erkennen konnten. Schritte – leichte Schritte, die schnell näher kamen …

Tripp-trapp, tripp-trapp … Sie begannen zu rennen, diese wohlbekannten, leichten kleinen Füßchen. Da – jetzt kamen deutlich andere Fußtritte dazu, vermischten sich mit den ersteren, und beide näherten sich mit noch leichteren, noch schnelleren Schritten.

Im Einklang hasteten sie zur Tür.

Dann weiter … tripp-trapp … durch die Tür, an ihnen vorbei … tripp-trapp … unsichtbar gingen die Füße der beiden Kinder im gleichen Takt.

Mrs Lancaster blickte verzweifelt auf.

»Jetzt sind es zwei, Vater – zwei!«

Bleich vor Angst wollte sie zu Geoffreys Bett zurück, doch ihr Vater hielt sie sanft zurück und deutete auf die geöffnete Tür.

»Da«, sagte er tonlos.

Tripp-trapp, tripp-trapp … schwächer und schwächer wurden die Schritte.

Und dann – Stille.

E.T.A. Hoffmann

Eine Spukgeschichte

Cyprian stand auf und ging, wie er zu tun pflegte, wenn irgendetwas so sein ganzes inneres Gemüt erfüllte, dass er die Worte ordnen musste, um es auszusprechen, im Zimmer einige Mal auf und ab.

Die Freunde lächelten sich schweigend an. Man las in ihren Blicken: »Was werden wir nur wieder Abenteuerliches hören!«

Cyprian setzte sich und begann:

»Ihr wisst, dass ich mich vor einiger Zeit, und zwar kurz vor dem letzten Feldzug, auf dem Gute des Obristen von P. befand. Der Obrist war ein munterer, jovialer Mann, so wie seine Gemahlin die Ruhe, die Unbefangenheit selbst.

Der Sohn befand sich, als ich dorten war, bei der Armee, sodass die Familie außer dem Ehepaar nur noch aus zwei Töchtern und einer alten Französin bestand, die eine Art von Gouvernante vorzustellen sich mühte, unerachtet die Mädchen schon über die Zeit des Gouvernierens hinaus schienen. Die älteste war ein munteres Ding, bis zur Ausgelassenheit lebendig, nicht ohne Geist, aber so wie sie nicht fünf Schritte gehen konnte, ohne wenigstens drei Entrechats zu machen, so sprang sie auch im Gespräch, in all ihrem Tun rastlos von einem

Dinge zum andern. Ich hab es erlebt, dass sie in weniger als zehn Minuten stickte – las – zeichnete – sang – tanzte – dass sie in einem Moment weinte um den armen Cousin, der in der Schlacht geblieben und, die bittern Tränen noch in den Augen, in ein hell aufquiekendes Gelächter ausbrach, als die Französin unversehens ihre Tabaksdose über den kleinen Mops ausschüttete, der sofort entsetzlich zu niesen begann, worauf die Alte lamentierte: ›*Ah che fatalità! – ah carino – poverino!*‹ – Sie pflegte nämlich mit besagtem Mops nur in italienischer Zunge zu reden, da er aus Padua gebürtig –, und dabei war das Fräulein die lieblichste Blondine, die es geben mag, und in allen ihren seltsamen Capriccios voll Anmut und Liebenswürdigkeit, sodass sie überall einen unwiderstehlichen Zauber übte, ohne es zu wollen.

Das seltsamste Widerspiel bildete die jüngere Schwester, Adelgunde geheißen. Vergebens ringe ich nach Worten, euch den ganz eignen wunderbaren Eindruck zu beschreiben, den das Mädchen auf mich machte, als ich sie zum ersten Male sah. Denkt euch die schönste Gestalt, das wunderherrlichste Antlitz. Aber eine Totenblässe liegt auf Lipp und Wangen, und die Gestalt bewegt sich leise, langsam, gemessenen Schrittes, und wenn dann ein halblautes Wort von den kaum geöffneten Lippen ertönt und im weiten Saal verklingt, fühlt man sich von gespenstischen Schauern durchbebt. – Ich überwand wohl bald diese Schauer und musste, als ich das tief in sich gekehrte Mädchen zum Sprechen vermocht, mir selbst gestehen, dass das Seltsame, ja Spukhafte dieser Erscheinung nur im Äußern liege, keineswegs sich aber aus dem Innern heraus offenbare. In dem wenigen, was das Mädchen sprach, zeigte sich ein zarter weiblicher Sinn, ein heller Verstand, ein freundliches Gemüt. Keine Spur irgendeiner Überspannung war zu finden, wiewohl das schmerzliche Lächeln, der tränenschwere Blick wenigstens irgendeinen physischen Krankheitszustand, der auch auf das Gemüt des zarten Kindes feindlich einwirken musste, vermuten ließ. Sehr sonderbar fiel es mir auf, dass die Familie, keinen, selbst die alte Französin nicht, ausgeschlossen, beängstet schien, sowie man mit dem Mädchen sprach, und versuchte, das Gespräch zu unterbrechen, sich darin manchmal auf gar erzwungene Weise einmischend. Das Seltsamste war aber, dass, sowie es abends acht Uhr geworden, das Fräulein erst von der Französin, dann von Mutter, Schwester, Vater gemahnt wurde, sich in ihr Zimmer zu begeben, wie man kleine Kinder zu Bette treibt, damit sie nicht übermüden, sondern fein ausschlafen. Die Französin begleitete sie, und so kam es, dass beide niemals das Abendessen, welches um neun Uhr angerichtet wurde, abwarten durften. – Die Obristin, meine Verwunderung wohl bemerkend, warf einmal, um jeder Frage vorzubeugen, leicht hin, dass Adelgunde viel kränkle, dass sie vorzüglich abends um neun Uhr von Fieberanfällen heimgesucht werde und dass daher der Arzt geraten, sie zu dieser Zeit der unbedingtesten Ruhe zu überlassen. – Ich fühlte, dass es noch eine ganz andere Bewandtnis damit haben müsse, ohne irgend Deutliches ahnen zu können. Erst heute erfuhr ich den wahren entsetzlichen Zusammenhang der Sache und das Ereignis, das den kleinen glücklichen Familienkreis auf furchtbare Weise verstört hat.

Adelgunde war sonst das blühendste, munterste Kind, das man nur sehen konnte. Ihr vierzehnter Geburtstag wurde gefeiert, eine Menge Gespielinnen waren dazu eingeladen. – Die sitzen in dem schönen Boskett des Schlossgartens im Kreise umher und scherzen und lachen und kümmern sich nicht darum, dass immer finstrer und finstrer der Abend heraufzieht, da die lauen Juliuslüfte wehen und erst jetzt ihre Lust recht aufgeht. In der magischen Dämmerung beginnen sie allerlei seltsame Tänze, indem sie Elfen und andere flinke Spukgeister vorstellen wollen. ›Hört‹, ruft Adelgunde, als es im Boskett ganz finster geworden, ›hört, Kinder, nun will ich euch einmal als die weiße Frau erscheinen, von der unser alter verstorbener Gärtner so oft erzählt hat. Aber da müsst ihr mit mir kommen bis ans Ende des Gartens, dorthin, wo das alte Gemäuer steht.‹ – Und damit wickelt sie sich in ihren weißen Shawl und schwebt leichtfüßig fort durch den Laubgang, und die Mädchen laufen ihr nach in vollem Schäkern und Lachen. Aber kaum ist Adelgunde an das alte, halb eingefallene Gewölbe gekommen, als sie erstarrt – gelähmt an allen Gliedern stehen bleibt. Die Schlossuhr schlägt neun. ›Seht ihr nichts‹, ruft Adelgunde mit dem dumpfen hohlen Ton des tiefsten Entsetzens, ›seht ihr nichts – die Gestalt – die dicht vor mir steht – Jesus – sie streckt die Hand nach mir aus – seht ihr denn nichts?‹ – Die Kinder sehen nicht das Mindeste, aber alle erfasst Angst und Grauen. Sie rennen fort, bis auf eine, die, die beherzteste, sich ermutigt, auf Adelgunden zuspringt, sie in die Arme fassen will. Aber in dem Augenblick sinkt Adelgunde todähnlich zu Boden. Auf des Mädchens gellendes Angstgeschrei eilt alles aus dem Schlosse herzu. Man bringt Adelgunde hinein. Sie erwacht endlich aus der Ohnmacht und erzählt, an allen Gliedern zitternd, dass, kaum sei sie vor das Gewölbe getreten, dicht vor ihr eine luftige Gestalt, wie in Nebel gehüllt, gestanden und die Hand nach ihr ausgestreckt habe. – Was war natürlicher, als dass man die ganze Erscheinung den wunderbaren Täuschungen des dämmernden Abendlichts zuschrieb. Adelgunde erholte sich in derselben Nacht so ganz und gar von ihrem Schreck, dass man durchaus keine bösen Folgen befürchtete, sondern die ganze Sache für völlig abgetan hielt. – Wie ganz anders begab sich alles! – Kaum schlägt es den Abend darauf neun Uhr, als Adelgunde mitten in der Gesellschaft, die sie umgibt, entsetzt aufspringt und ruft: ›Da ist es – da ist es – seht ihr denn nichts! – dicht vor mir steht es!‹ – Genug, seit jenem unglückseligen Abende behauptete Adelgunde, sowie es abends neune schlug, dass die Gestalt dicht vor ihr stehe und einige Sekunden weile, ohne dass irgendein Mensch außer ihr auch nur das Mindeste wahrnehmen konnte oder in irgendeiner psychischen Empfindung die Nähe eines unbekannten geistigen Prinzips gespürt haben sollte. Nun wurde die arme Adelgunde für wahnsinnig gehalten, und die Familie schämte sich in seltsamer Verkehrtheit dieses Zustandes der Tochter, der Schwester. Daher jene sonderbare Art, sie zu behandeln, deren ich erst erwähnte. Es fehlte nicht an Ärzten und an Mitteln, die das arme Kind von der fixen Idee, wie man die von ihr behauptete Erscheinung zu nennen beliebte, befreien sollten, aber alles blieb vergebens, und

sie bat unter vielen Tränen, man möge sie doch nur in Ruhe lassen, da die Gestalt, die in ihren ungewissen, unkenntlichen Zügen an und vor sich selbst gar nichts Schreckliches habe, ihr kein Entsetzen mehr errege, wiewohl es jedes Mal nach der Erscheinung ihr zumute sei, als wäre ihr Innerstes mit allen Gedanken hinausgewendet und schwebe körperlos außer ihr selbst umher, wovon sie krank und matt werde. – Endlich machte der Obrist die Bekanntschaft eines berühmten Arztes, der in dem Ruf stand, Wahnsinnige auf eine überaus pfiffige Weise zu heilen. Als der Obrist diesem entdeckt hatte, wie es sich mit der armen Adelgunde begebe, lachte er laut auf und meinte, nichts sei leichter, als diesen Wahnsinn zu heilen, der bloß in der überreizten Einbildungskraft seinen Grund finde. Die Idee der Erscheinung des Gespenstes sei mit dem Ausschlagen der neunten Abendstunde so fest verknüpft, dass die innere Kraft des Geistes sie nicht mehr trennen könne, und es käme daher nur darauf an, diese Trennung von außen her zu bewirken. Dies könne aber nun wieder sehr leicht dadurch geschehen, dass man das Fräulein in der Zeit täusche und die neunte Stunde vorübergehen lasse, ohne dass sie es wisse. Wäre dann das Gespenst nicht erschienen, so würde sie selbst ihren Wahn einsehen, und physische Erkräftigungsmittel würden dann die Kur glücklich vollenden. – Der unselige Rat wurde ausgeführt! – In einer Nacht stellte man sämtliche Uhren im Schlosse, ja selbst die Dorfuhr, deren dumpfe Schläge herabsummten, um eine Stunde zurück, sodass Adelgunde, sowie sie am frühen Morgen erwachte, in der Zeit um eine Stunde irren musste. Der Abend kam heran. Die kleine Familie war wie gewöhnlich in einem heiter verzierten Eckzimmer versammelt, kein Fremder zugegen. Die Obristin mühte sich, allerlei Lustiges zu erzählen, der Obrist fing an, wie es seine Art war, wenn er vorzüglich bei Laune, die alte Französin ein wenig aufzuziehen, worin ihm Auguste (das ältere Fräulein) beistand. Man lachte, man war fröhlicher als je. – Da schlägt die Wanduhr achte (es war also die neunte Stunde), und leichenblass sinkt Adelgunde in den Lehnsessel zurück – das Nähzeug entfällt ihren Händen! Dann erhebt sie sich, alle Schauer des Entsetzens im Antlitz, starrt hin in des Zimmers öden Raum, murmelt dumpf und hohl: ›Was! – eine Stunde früher? – ha, seht ihr's? – seht ihr's? – da steht es dicht vor mir – dicht vor mir!‹ – Alle fahren auf, vom Schrecken erfasst, aber als niemand auch nur das Mindeste gewahrt, ruft der Obrist: ›Adelgunde! – fasse dich! – es ist nichts, es ist ein Hirngespinst, ein Spiel deiner Einbildungskraft, was dich täuscht, wir sehen nichts, gar nichts, und müssten wir, ließe sich wirklich dicht vor dir eine Gestalt erschauen, müssten wir sie nicht ebenso gut wahrnehmen als du? – Fasse dich – fasse dich, Adelgunde!‹ – ›O Gott – o Gott‹, seufzt Adelgunde, ›will man mich denn wahnsinnig machen! – Seht, da streckt es den weißen Arm lang aus nach mir – es winkt.‹ – Und wie willenlos, unverwandten starren Blickes, greift nun Adelgunde hinter sich, fasst einen kleinen Teller, der zufällig auf dem Tisch steht, reicht ihn vor sich hin in die Luft, lässt ihn los – und der Teller, wie von unsichtbarer Hand getragen, schwebt langsam im Kreise der Anwesenden umher und lässt sich dann leise auf den Tisch nieder! – Die Obristin, Auguste lagen in tiefer Ohnmacht, der ein hitziges Nervenfieber folgte. Der Obrist nahm sich mit aller Kraft zusammen, aber man merkte wohl an seinem verstörten Wesen die

tiefe feindliche Wirkung jenes unerklärlichen Phänomens. Die alte Französin hatte, auf die Knie gesunken, das Gesicht zur Erde gebeugt, still gebetet, sie blieb so wie Adelgunde frei von allen bösen Folgen. In kurzer Zeit war die Obristin hingerafft. Auguste überstand die Krankheit, aber wünschenswerter war gewiss ihr Tod als ihr jetziger Zustand. – Sie, die volle herrliche Jugendlust selbst, wie ich sie erst beschrieben, ist von einem Wahnsinn befallen, der mir wenigstens grauenvoller, entsetzlicher vorkommt als irgendeiner, den jemals eine fixe Idee erzeugte. Sie bildet sich nämlich ein, *sie* sei jenes unsichtbare körperlose Gespenst Adelgundens, flieht daher alle Menschen oder hütet sich wenigstens, sobald ein anderer zugegen, zu reden, sich zu bewegen. Kaum wagt sie es zu atmen, denn fest glaubt sie, dass, verrate sie ihre Gegenwart auf diese, jene Weise, jeder vor Entsetzen des Todes sein müsse. Man öffnet ihr die Tür, man setzt ihr Speisen hin, dann schlüpft sie verstohlen hinein und heraus – isst ebenso heimlich usw. Kann ein Zustand qualvoller sein?

Der Obrist, ganz Gram und Verzweiflung, folgte den Fahnen zum neuen Feldzug. Er blieb in der siegreichen Schlacht bei W. – Merkwürdig, höchst merkwürdig ist es, dass Adelgunde seit jenem verhängnisvollen Abende von dem Phantom befreit ist. Sie pflegt getreulich die kranke Schwester, und ihr steht die alte Französin bei. So wie Sylvester mir heute sagte, ist der Oheim der armen Kinder hier, um mit unserm wackern R... über die Kurmethode, die man allenfalls bei Augusten versuchen könne, zu Rate zu gehen. – Gebe der Himmel, dass die unwahrscheinliche Rettung möglich.«

Cyprian schwieg, und auch die Freunde blieben still, indem sie gedankenvoll vor sich hinschauten. Endlich brach Lothar los: »Das ist ja eine ganz verdammte Spukgeschichte! – Aber ich kann's nicht leugnen, mir bebt die Brust, unerachtet mir das ganze Ding mit dem schwebenden Teller kindisch und abgeschmackt bedünken will.« – »Nicht so rasch«, nahm Ottmar das Wort, »nicht so rasch, lieber Lothar! – Du weißt, was ich von Spukgeschichten halte, du weißt, dass ich mich gegen alle Visionärs damit brüste, dass die Geisterwelt, unerachtet ich sie oft mit verwegener Keckheit in die Schranken rief, noch niemals sich bemühte, mich für meinen Frevel zu züchtigen, aber Cyprians Erzählung gibt einen ganz andern Punkt zu bedenken als den der bloßen chimärischen Spukerei. – Mag es mit Adelgundens Phantom, mag es mit dem schwebenden Teller dann nun eine Bewandtnis gehabt haben, welche es wolle, genug, die Tatsache bleibt bestehen, dass sich an jenem Abende in dem Kreise der Familie des Obristen von P. etwas zutrug, worüber drei Personen zu gleicher Zeit in einen solchen verstörten Gemütszustand gerieten, der bei einer den Tod, bei der andern Wahnsinn herbeiführte, wollen wir nicht auch, wenigstens *mittelbar,* den Tod des Obristen jenem Ereignis zuschreiben. Denn eben fällt mir ein, von Offizieren gehört zu haben, der Obrist sei beim Angriff plötzlich, wie von Furien getrieben, ins feindliche Feuer hineingesprengt. Nun ist aber auch die Geschichte mit dem Teller so ohne alle Staffierung gewöhnlicher Spukgeschichten, selbst die Stunde allem spukischen Herkommen entgegen, und das Ganze so ungesucht, so einfach, dass gerade in der Wahrscheinlichkeit, die das Unwahrscheinlichste dadurch erhält, für mich das Grauenhafte liegt. Doch, nehmen wir an, dass Adelgundens Einbildung Vater, Mutter, Schwester mit fortriss, dass der Teller nur innerhalb ihres Gehirns im Kreise umherschwebte, wäre diese Einbildung, in einem Moment wie ein elektrischer Schlag drei Personen treffend, nicht eben der entsetzlichste Spuk, den es geben könnte?«

»Allerdings«, sprach Theodor, »und ich teile mit dir, Ottmar, das lebhafte Gefühl, dass gerade in der Einfachheit der Geschichte ihre tiefsten Schauer liegen. – Ich kann mir es denken, dass ich den plötzlichen Schreck irgendeiner grauenhaften Erscheinung wohl ertragen könnte, das unheimliche, den äußern Sinn in Anspruch nehmende Treiben eines unsichtbaren Wesens würde mich dagegen unfehlbar wahnsinnig machen. Es ist das Gefühl der gänzlichen hilflosesten Ohnmacht, das den Geist zermalmen müsste. Ich erinnere mich, dass ich dem tiefsten Grausen kaum widerstehen konnte, dass ich wie ein einfältiges, verschüchtertes Kind nicht allein in meinem Zimmer schlafen mochte, als ich einst von einem alten Musiker las, den ein entsetzlicher Spuk mehrere Zeit hindurch verfolgte und ihn auch beinahe zum hellen Wahnsinn trieb. Nachts spielte nämlich ein unsichtbares Wesen auf seinem Flügel die wunderbarsten Kompositionen mit der Kraft und Fertigkeit des vollendeten Meisters. Er hörte jeden Ton, er sah, wie die Tasten niedergedrückt wurden, wie die Saiten zitterten, aber nicht den leisesten Schimmer einer Gestalt.«

»Nein«, rief Lothar, »nein, es ist nicht auszuhalten, wie das Tolle wieder unter uns lustig fortwuchert! – Ich hab es euch gestanden, dass mir der verdammte Teller das Innerste aufgeregt hat. Ottmar hat Recht; hält man sich nur an das Resultat irgendeines Ereignisses, das sich wirklich begeben, so ist dies Resultat der grässlichste Spuk, den es geben kann.«

Guy de Maupassant
Die Angst

Was ich berichten will, trug sich im letzten Winter in einem Wald im Nordosten Frankreichs zu. Die Nacht war zeitig hereingebrochen, der Himmel war düster, und ich befand mich auf der Jagd. Als Führer hatte ich einen Bauern bei mir, der auf dem schmalen Pfad nicht von meiner Seite wich. Zwischen den Baumwipfeln sah ich Wolken dahinjagen. Sie schienen auf der Flucht vor etwas Entsetzlichem. Manchmal schien sich der ganze Wald unter heftigen Windstößen zu neigen. Die Kälte hatte mich gepackt, obwohl ich warm gekleidet war und tüchtig ausschritt. Wir wollten die Nacht bei einem Waldhüter verbringen, dessen Haus nicht mehr weit entfernt sein konnte. Manchmal hob mein Führer den Blick und murmelte: »Schlimmes Wetter!«

Dann erzählte er von den Leuten, bei denen wir einkehren wollten. Der Vater hatte vor zwei Jahren einen Wilderer in diesem Revier erschossen, und seitdem war sein Sinn düster. Die Erinnerung an diesen Vorfall schien ihn nicht loszulassen. Seine beiden verheirateten Söhne lebten mit ihm zusammen in dem Haus, zu dem wir unterwegs waren.

Es herrschte tiefe Finsternis. Ich sah nichts mehr vor mir und nichts neben mir. Die vom Wind gezausten Äste erfüllten die Nacht mit einem ständig anhaltenden Brausen. Endlich bemerkten wir ein Licht, und bald darauf klopfte mein Begleiter an eine Tür.

Schrille Frauenschreie antworteten uns. Dann hörten wir eine erstickte Männerstimme, die fragte: »Wer da?«

Mein Führer nannte seinen Namen. Wir traten ein. Das Bild, welches sich uns bot, werde ich nie vergessen.

Ein alter Mann mit weißen Haaren, in den Augen Wahnsinn, ein geladenes Gewehr schussbereit in der Hand, stand mitten in der Küche, während zwei Burschen, mit Äxten bewaffnet, die Tür nicht aus den Augen ließen.

Im dämmrigen Küchenwinkel konnte man zwei Frauen erkennen, die mit dem Gesicht zur Wand auf den Knien lagen.

Wir stellten uns vor. Der Alte lehnte sein Gewehr an die Wand und ordnete an, dass man mir ein Zimmer richte. Dann, als sich keine der Frauen rührte, sagte er schroff zu mir: »Wissen Sie, mein Herr, heute Nacht sind es zwei Jahre her, dass ich einen Mann getötet habe. Im vergangenen Jahr ist er hier erschienen, um mich zu rufen. Heute erwarte ich ihn wieder.« Und er fügte hinzu – ich musste darüber beinahe lächeln –: »Wir sind etwas beunruhigt.«

Ich versicherte ihm, dass es mir gelegen komme, ihm heute Nacht gegen die

Angst des Aberglaubens beistehen zu können. Ich begann, allerlei Geschichten zu erzählen, und es gelang mir, den Alten etwas zu beruhigen.

Neben dem Eingang lag ein alter, fast blinder Hund. Er schlief mit der Schnauze zwischen den Vorderpfoten. Es war einer jener Hunde, die einen irgendwie an einen Menschen erinnern, den man gut kennt. Draußen tobte der Sturm weiter und rüttelte an dem kleinen Haus. Durch ein kleines viereckiges Fenster neben der Tür sah ich den Wirrwarr von tanzenden Ästen plötzlich von grellen Blitzen beleuchtet. Trotz meiner Bemühungen, die Leute zu beruhigen, fühlte ich sehr wohl, dass die Angst sie umklammert hielt, und immer, wenn ich meine Erzählungen unterbrach, lauschten sie auf die Geräusche draußen.

Ich wurde es müde, weiter diesem unvernünftigen, abergläubischen Gehabe mit zuzusehen, und verlangte nach meinem Zimmer, als der Alte auf einmal seinen Stuhl zurückstieß und erneut nach seinem Gewehr griff. Verwirrt stammelte er: »Da ist er. Da ist er. Ich höre ihn!«

Die beiden Frauen fielen in der Ecke wieder auf die Knie und verbargen das Gesicht in den Händen. Die Söhne langten nach den Äxten. Ich wollte sie noch einmal beschwichtigen, als der Hund plötzlich erwachte, seinen Kopf hob, den Hals streckte, mit seinen fast erloschenen Augen in die Flammen des Kaminfeuers blickte und in ein schauerliches Geheul ausbrach. Alle Augen richteten sich auf das Tier. Es verharrte unbeweglich, auf die Pfoten erhoben, wie von einer Erscheinung gebannt, und begann wieder gegen etwas Unsichtbar-Unbekannt-Schreckliches anzuheulen. Das Fell des Tieres sträubte sich. Der Waldhüter war bleiweiß im Gesicht geworden und schrie: »Er riecht ihn! Er riecht ihn! Er war doch dabei, als ich den Kerl tötete.«

Eine Stunde lang heulte der Hund, ohne sich zu rühren. Er heulte und winselte wie in einem Angsttraum. Und die Angst, die schreckliche Angst, ergriff auch mich. Die Angst wovor? Wusste ich es? Nein. Es war die nackte Angst.

Wir hockten da, unbeweglich und aschfarben. Wir warteten auf das Schreckliche, das sich ereignen würde. Wir lauschten gespannt, mit klopfendem Herzen, vom kleinsten Geräusch zu Tode erschreckt. Der Hund begann im Zimmer umherzulaufen, er schnüffelte an den Wänden und zitterte. Dieser Hund machte uns nahezu verrückt. Da warf sich der Bauer, der mich hierher gebracht hatte, auf ihn, öffnete die Tür, die auf den kleinen Hof hinausführte, und stieß den Hund dort hinaus.

Sofort verstummte das Tier, und wir tauchten in eine Stille ein, die noch schrecklicher war. Doch plötzlich fuhren wir alle zusammen hoch: Etwas strich an der Hausmauer entlang, die dem Wald zu gelegen war; dann ging es weiter gegen die Tür und schien sie mit zitternder Hand abzutasten. Zwei Minuten hörte man darauf nichts mehr. Wir verloren beinahe die Besinnung. Dann kam es zurück. Es streifte die Mauer und kratzte leise, wie es Kinder mit ihren Nägeln zu tun pflegen. Und da – plötzlich tauchte vor dem kleinen Fenster neben der Tür ein Kopf auf, ein weißer Schädel mit leuchtenden Augen. Ein Ton quälte sich aus seinem Mund, ein undeutlicher Wehlaut. Dann zerriss ein ungeheurer Lärm die Stille in der Küche. Der alte Waldhüter hatte sein Gewehr abgefeuert, und sogleich stürzten auch seine Söhne herbei. Sie verrammelten das Fenster mit dem großen Esstisch und stellten auch noch den Geschirrschrank hinter den Tisch. Und ich kann Ihnen schwören, seitdem der Schuss gefallen war, hörte ich nichts mehr. Die Angst hatte mein Herz gepackt, meine Seele, meinen Leib. Ich fühlte meine Sinne schwinden und glaubte, vor Angst zu sterben. Wir verharrten so bis zur Morgendämmerung, unfähig, uns zu rühren oder ein Wort zu sprechen, gebannt von einer unsagbaren Verwirrung. Wir wagten nicht, die Barrikade fortzuräumen, bis durch einen Spalt das Tageslicht hereindrang.

Am Fuß der Mauer, gegen die Tür gewandt, lag der alte Hund, die Schnauze von einer Kugel zerrissen.

Er war durch ein Loch in der Umzäunung aus dem Hof entwichen. Ich würde lieber allen Gefahren meines Lebens wieder gegenüberstehen, als noch einmal jene Minute zu erleben, als der Alte auf den bärtigen Kopf im kleinen Fenster schoss.

Dorothy L. Sayers

Die Moschuskatze

Es ist wirklich anständig von Ihnen, mich hier aufzusuchen, Harringay. Glauben Sie mir, ich rechne Ihnen das hoch an. Nicht jeder vielbeschäftigte Anwalt würde sich soviel Mühe um einen so hoffnungslosen Klienten machen. Ich wünschte nur, ich könnte Ihnen eine Geschichte erzählen, mit der sich etwas anfangen ließe, aber, offen gestanden, kann ich Ihnen nur das sagen, was Peabody bereits von mir gehört hat. Ich weiß natürlich, dass er kein Wort davon glaubt, und nehme es ihm nicht übel. Er ist der Ansicht, dass ich eine glaubwürdigere Geschichte erfinden könnte – und damit hat er wahrscheinlich Recht, aber was hat das für einen Zweck? Man fällt doch irgendwo herein, wenn man sich in Lügen verstrickt. Was ich Ihnen jetzt sage, ist die absolute Wahrheit. Ich habe einen einzigen Schuss abgefeuert, und nur diesen einen. Und zwar auf die Katze. Komisch, dass man gehängt werden soll, weil man auf eine Katze geschossen hat.

Merridew und ich waren stets die besten Freunde, schon auf der Schule und der Universität. Nach dem Kriege sahen wir nicht viel voneinander, weil wir in entgegengesetzten Teilen des Landes wohnten. Aber wir trafen uns von Zeit zu Zeit in London und schrieben uns gelegentlich; jeder von uns wusste, dass der andere sozusagen im Hintergrund existierte. Vor zwei Jahren schrieb er mir, dass er sich verheiraten würde. Er war gerade vierzig geworden, und das Mädchen war fünfzehn Jahre jünger, und er war maßlos in sie verliebt. Er versetzte mir einen ziemlichen Stoß – Sie wissen ja, wie es ist, wenn Ihre Freunde heiraten. Man hat das Gefühl, dass sie niemals wieder die Alten sein werden, und ich hatte mich an den Gedanken gewöhnt, dass Merridew und ich geborene Junggesellen seien. Aber ich gratulierte ihm natürlich, schickte ihm ein Hochzeitsgeschenk und hoffte aufrichtig, dass er glücklich werden würde. Er war offenbar bis über beide Ohren verliebt – gefährlich verliebt –, obwohl es, abgesehen von dem Altersunterschied, anscheinend eine ganz passende Partie war. Er hatte sie ausgerechnet bei der Gartengesellschaft eines Pfarrers in Norfolk kennen gelernt, und sie war noch nie aus ihrem Heimatdorf herausgekommen, nicht einmal eine Fahrt in die nächste Stadt. Ihr Vater war ein merkwürdiger Einsiedler – ein Kenner des Mittelalters oder so etwas Ähnliches –, schrecklich arm. Er starb kurz nach ihrer Heirat.

Während des ersten Jahres nach der Hochzeit sah ich nichts von ihnen, Merridew ist nämlich Ingenieur, und er nahm seine Frau nach den Flitterwochen mit nach Liverpool, wo er am Hafen zu tun hatte. Es muss für sie eine große

Veränderung gewesen sein nach der Einöde von Norfolk. Ich war damals in Birmingham und steckte bis über die Ohren in Arbeit. Wir tauschten daher nur gelegentliche Briefe aus. Seine Briefe kann ich nur als wahnsinnig glücklich bezeichnen, besonders zuerst. Später schien er sich um die Gesundheit seiner Frau zu sorgen. Sie war ruhelos; das Leben in der Stadt bekam ihr nicht; er war froh, als er seinen Job in Liverpool aufgeben und mit ihr auf dem Lande leben konnte. Wohlverstanden, an ihrem Glück war nicht zu zweifeln. Er war ihr mit Leib und Seele zugetan und sie ihm ebenfalls, soweit ich feststellen konnte. Das möchte ich deutlich hervorheben.

Kurz und gut, Merridew schrieb mir zu Anfang des vorigen Monats und teilte mir mit, dass er eine neue Arbeit in Somerset angenommen habe. Er fragte an, ob ich mich nicht freimachen und einige Wochen mit ihnen zusammen verbringen könne. Sie hätten Zimmer im Gasthaus des Dorfes. Es sei ein ziemlich abgelegener Flecken, aber landschaftlich reizvoll und ein Anglerparadies, und ich könne Felicitas Gesellschaft leisten, während er am Damm arbeite. Ich hatte damals gerade genug von Birmingham und der Hitze, und der Vorschlag erschien mir verlockend. Außerdem standen mir Ferien zu. Also ging ich darauf ein. Ich hatte erst noch etwas in London zu tun, was mich voraussichtlich eine Woche in Anspruch nahm, und setzte daher meine Ankunft in Little Hexham auf den 20. Juni fest.

Zufällig wickelten sich meine Geschäfte in London unerwartet rasch ab, und am Sechzehnten war ich frei. Ich hockte in einem Hotel, wo unter meinen Fenstern Pressluftbohrer und andere Baumaschinen einen Höllenlärm machten. Sie erinnern sich wohl noch an diesen glühend heißen Juni? Ich hielt es für sinnlos, länger zu warten. Also schickte ich Merridew ein Telegramm, packte meine Koffer und fuhr noch am selben Abend nach Somerset. Ich konnte kein Abteil für mich allein bekommen, entdeckte aber ein Raucherabteil erster Klasse, in dem nur drei Plätze besetzt waren, und drückte mich dankbar in die vierte Ecke. Die anderen Fahrgäste waren ein militärisch aussehender alter Herr, eine alte Jungfer mit einer Unmenge von Koffern und Körben und ein junges Mädchen. Ich glaubte, eine angenehme, ruhige Reise vor mir zu haben.

Diese Vermutung hätte sich auch erfüllt, wenn ich nicht so unglücklich veranlagt wäre. Zuerst war alles in bester Ordnung. Ich duselte sogar ein und wachte erst um sieben Uhr wieder auf, als der Kellner zum Abendessen aufforderte. Die anderen gingen nicht zum Essen, und als ich aus dem Speisewagen zurückkam, war der alte Herr verschwunden. Nur die beiden Frauen waren noch da. Ich machte es mir wieder in meiner Ecke gemütlich, aber nach einer Weile beschlich mich das grässliche Gefühl, dass irgendwo im Abteil eine Katze sei. Ich gehöre zu jenen unglückseligen Leuten, die Katzen nicht ertragen können. Nicht, dass ich Hunde vorziehe – aber die Anwesenheit einer Katze im selben Raum übt eine verheerende Wirkung auf mich aus. Ich kann es nicht beschrei-

ben, aber ich glaube, es geht einer ganzen Reihe von Leuten ebenso. Soll mit Elektrizität zu tun haben, wie man mir erklärt hat. Ich habe gelesen, dass die Abneigung oft auf beiden Seiten besteht. In meinem Falle leider nicht. Die Biester finden mich im Gegenteil faszinierend und schießen jedes Mal auf meine Beine los. Ein komisches Leiden, das mich bei alten Damen gerade nicht beliebt macht.

Auf alle Fälle ging es mir von Minute zu Minute schlechter, und ich kam zu der Überzeugung, dass die alte Dame in einem ihrer Körbe eine Katze haben musste. Ich überlegte, ob ich sie bitten sollte, den Korb in den Gang zu stellen, oder ob ich den Schaffner rufen sollte. Aber ich war mir bewusst, wie lächerlich das klingen würde, und nahm mir vor, die Zähne zusammenzubeißen. Ich versuchte mich abzulenken, indem ich das junge Mädchen betrachtete.

Der Anblick lohnte sich – sie war sehr schlank, dunkel, und ihre weiße Haut erinnerte an Magnolienblüten. Auch hatte sie die seltsamsten Augen der Welt: ein sehr blasses Braun, fast bernsteinfarben, weit auseinander liegend und etwas schräg gestellt, und sie schienen eine eigene Leuchtkraft zu besitzen. Aber denken Sie jetzt nicht, dass es mich erwischt hatte. Sie besaß durchaus keine Anziehungskraft für mich, doch konnte ich mir vorstellen, dass ein anderer Mann ganz wild auf sie sein mochte. Sie war einfach ungewöhnlich, weiter nichts. Aber wie sehr ich mich auch abzulenken versuchte, ich konnte des unbehaglichen Gefühls nicht Herr werden. Schließlich gab ich es auf und trat auf den Gang. – Wenn Sie sich nur vorstellen könnten, wie elend mir in Gegenwart einer Katze wird – selbst wenn sie in einem Korb verschlossen ist –, Sie würden verstehen, wie ich dazu kam, den Revolver zu kaufen!

Nun, wir kamen in Hexham Junction, der Bahnstation von Hexham, an, und da stand der gute Merridew auf dem Bahnsteig und wartete. Die junge Dame stieg ebenfalls aus, und ich stellte gerade ihre Siebensachen auf den Bahnsteig, als er herbeieilte und uns begrüßte.

»Hallo!«, rief er. »Das ist ja prächtig. Habt ihr euch schon miteinander bekannt gemacht?« Da ging mir auf, dass das Mädchen Mrs Merridew war, die in London Einkäufe gemacht hatte. Ich erklärte ihr, weshalb ich meine Pläne geändert hatte, und sie erwiderte, wie schön es sei, dass ich kommen konnte – die üblichen Redensarten. Ich freute mich an ihrer tiefen, sympathischen Stimme und ihren graziösen Bewegungen und konnte Merridews Vernarrtheit verstehen, aber wohlgemerkt, ohne sie zu teilen.

Wir stiegen in seinen Wagen. Mrs Merridew saß hinten und ich neben ihrem Mann. Ich war froh, in der frischen Luft zu sein und das bedrückende, gespannte Gefühl loszuwerden, das mich im Zuge gequält hatte. Merridew erzählte mir, dass die Gegend ihnen außerordentlich gut gefalle; Felicitas sei ein ganz anderer Mensch geworden, auch er selbst fühle sich gekräftigt. Auf mich persönlich machte er jedoch einen ziemlich abgekämpften und nervösen Eindruck.

Das Gasthaus hätte Ihnen gefallen, Harringay. Eins von der guten alten Sorte – altmodisch und wunderlich, und alles echte Antiquitäten, keine Imitationen aus der Tottenham Court Road. Na, wir hatten alle zu Abend gegessen, Mrs Merridew war müde und ging früh zu Bett, Merridew und ich tranken noch ein Gläschen in der Gaststube und machten dann einen Bummel durchs Dorf – ein winziges Fleckchen am Ende der Welt mit kleinen strohgedeckten Häusern, wo um zehn Uhr schon alles in tiefstem Schlafe lag.

Der Wirt – ein Klotz von einem Mann mit einem völlig ausdruckslosen Gesicht – schloss gerade die Bar ab, als wir zurückkehrten.

Man hatte mir ein vortreffliches Zimmer gegeben, dicht unter dem Dach, mit einem breiten, niedrigen Fenster, das auf den Garten ging. Die Bettwäsche roch nach Lavendel, und ich hatte mich kaum zugedeckt, da war ich schon eingeschlafen. Irgendwann in der Nacht wachte ich auf. Da es mir heiß war, nahm ich einige Decken vom Bett und ging ans Fenster, um frische Luft zu schöpfen. Der Garten war vom Mondlicht überflutet, und ich konnte sehen, wie sich auf dem Rasen etwas merkwürdig drehte und wand. Nach einer Weile erkannte ich, dass es zwei Katzen waren. In dieser Entfernung beunruhigten sie mich nicht, und ich sah ihnen eine Weile zu, ehe ich wieder zu Bett ging. Sie balgten sich, sprangen auseinander und jagten ihrem eigenen Schatten nach. Es wirkte wie ein ritueller Tanz. Dann schien sie etwas stutzig zu machen, und sie huschten davon.

Ich legte mich wieder hin, konnte aber nicht mehr einschlafen. Meine Nerven schienen überreizt zu sein. Ich lag da und sah auf das Fenster, während ich auf ein weiches Rascheln lauschte, das aus der großen, an dieser Seite des Hauses rankenden Glyzinie kam. Und dann landete plötzlich etwas mit einem weichen Aufprall auf meiner Fensterbank – eine riesige Moschuskatze.

Eine von diesen grau und schwarz gestreiften Katzen. Bei uns zu Lande nennt man sie so. Noch nie hatte ich eine von dieser Größe gesehen. Sie stand da mit seitwärts geneigtem Kopf und starrte ins Zimmer, während sie die Ohren leise am Fensterkreuz rieb.

Das konnte ich natürlich nicht dulden. Ich verjagte das Biest, das geräuschlos verschwand. Trotz der Hitze schloss ich das Fenster. Fern im Gebüsch glaubte ich ein schwaches Miauen zu hören. Dann Schweigen. Ich schlief endlich wieder ein und rührte mich nicht, bis ich von dem Mädchen geweckt wurde.

Am nächsten Tage nahm uns Merridew in seinem Wagen mit, um uns den Damm zu zeigen. Bei dieser Gelegenheit merkte ich zum ersten Mal, dass Mrs Merridews Nervosität doch noch nicht ganz geheilt war. Merridew zeigte uns die Stelle, wo ein Teil des Flusses in einen kleinen, schnellen Wasserlauf verwandelt war, der den Dynamo einer elektrischen Anlage speisen sollte. Man hatte ein paar Planken über diesen Bach gelegt, und Merridew wollte uns hinüberführen, um uns die Maschinen zu zeigen. Der Bach war weder breit noch gefährlich, doch Mrs Merridew weigerte sich entschieden, ihn zu überqueren, und wurde ganz hysterisch, als ihr Mann sie zu überreden versuchte. Schließlich gingen er und ich allein hinüber. Als wir zurückkehrten, hatte sie sich beruhigt und entschuldigte sich wegen ihres Benehmens. Merridew nahm natürlich alle Schuld auf sich, und ich kam mir ein wenig überflüssig vor. Sie erzählte mir später, dass sie als Kind einmal in einen Fluss gefallen und beinahe ertrunken sei, und seitdem habe sie einen Widerwillen gegen fließendes Wasser. Abgesehen von dieser unbedeutenden Episode, habe ich während meines ganzen Aufenthaltes nie gehört,

dass die beiden sich gestritten hätten. Auch bemerkte ich eine ganze Woche lang nichts, das auf einen Defekt in Mrs Merridews strahlender Gesundheit schließen ließ. Im Gegenteil, als Mittsommer näher rückte und die Hitze intensiver wurde, schien ihr ganzer Körper vor Vitalität zu glühn. Es war, als ob sie von innen her leuchtete.

Merridew war den ganzen Tag draußen am Damm und arbeitete sehr viel, meiner Ansicht nach zu viel. Ich fragte ihn, ob er schlecht schlafe. Im Gegenteil, erwiderte er, er schlafe ein, sobald sein Kopf auf dem Kissen liege, und habe – was höchst ungewöhnlich für ihn sei – überhaupt keine Träume. Ich selbst schlief auch ganz gut, aber die Hitze machte mich schlapp. Mrs Merridew unternahm lange Autofahrten mit mir. Ich lehnte stundenlang im Wagen, durch den warmen Lufthauch und das Summen des Motors eingelullt, und blickte hin und wieder auf meine Fahrerin, die kerzengerade am Steuer saß, die Augen unverwandt auf das Fließband der Straße gerichtet. Wir durchstreiften die ganze

Gegend südlich und östlich von Little Hexham, und ein paar Mal stießen wir sogar im Norden bis Bath vor. Einmal schlug ich vor, über die Brücke in einen Wald zu fahren. Doch Mrs Merridew war von dieser Idee nicht entzückt. Sie sagte, die Straße sei schlecht und das Landschaftsbild auf der anderen Seite der Brücke enttäuschend.

Im Großen und Ganzen verbrachte ich eine angenehme Woche in Little Hexham, und wenn die Katzen nicht gewesen wären, hätte ich mich durchaus behaglich gefühlt. Aber jede Nacht suchten sie den Garten heim. Die Moschuskatze, die ich in der ersten Nacht gesehen hatte, dazu eine kleine rötliche und ein stinkender schwarzer Kater waren besonders lästig. Ich bombardierte meine Besucher mit Stiefeln und Büchern bis zum Überdruss, aber sie schienen entschlos-

sen, den Wirtshausgarten zu ihrem Treffpunkt zu machen. Die Plage wurde von Nacht zu Nacht schlimmer. Einmal zählte ich fünfzehn Katzen, die auf ihren Hinterteilen saßen und einen Kreis bildeten, während die Moschuskatze ihren Schattentanz tanzte und wie ein Weberschiffchen zwischen ihnen hindurchglitt. Ich musste bei geschlossenem Fenster schlafen; denn die Moschuskatze hatte es sich zur Gewohnheit gemacht, an der Glyzinie emporzuklettern. Die Tür musste ich ebenfalls schließen; denn als ich einmal hinuntergegangen war, um etwas aus dem Wohnzimmer zu holen, fand ich sie auf meinem Bett, wo sie mit in sinnlicher Ekstase geschlossenen Augen die Decke mit den Pfoten knetete – *pr'rp pr'rp pr'rp*. Ich jagte sie fort, und sie fauchte mich an, als sie in den dunklen Korridor flüchtete.

Ich erkundigte mich bei der Wirtin nach ihr und erhielt die abweisende Antwort, dass man im Gasthaus keine Katzen halte. Bei Tage habe ich auch niemals eine dieser Kreaturen gesehen. Aber eines Abends in der Dämmerung traf ich den Wirt in einem der Nebengebäude. Auf seiner Schulter hockte die rötliche Katze, und er fütterte sie mit Leberstückchen. Ich machte ihm Vorhaltungen darüber, dass er die Katzen zu sehr an diesen Platz gewöhne, und fragte ihn, ob ich ein anderes Zimmer bekommen könne, da mich das nächtliche Katzengeschrei störe. Er murmelte, dass er mit seiner Frau darüber sprechen wolle. Aber es blieb alles beim Alten.

Und dazu wurde es von Tag zu Tag schwüler, als ob ein Gewitter im Anzuge sei. Der Himmel war wie Messing und die Erde wie Eisen, und die Luft zitterte, dass es den Augen wehtat, sie anzusehen …

Na schön, Harringay, ich werde mich kürzer fassen. Jedenfalls verschweige ich Ihnen nichts. Meine Beziehungen zu Mrs Merridew waren durchaus normal. Natürlich waren wir sehr viel zusammen, da Merridew ja den ganzen Tag fort war. Wir fuhren morgens mit ihm zum Damm und brachten den Wagen wieder mit zurück. Bis zum Abend mussten wir uns so gut unterhalten, wie es ging. Sie schien ganz gern in meiner Gesellschaft zu sein, und ich hatte nichts gegen sie einzuwenden. Ich kann Ihnen nicht sagen, worüber wir sprachen – nichts Besonderes. Sie war keine redselige Frau. Sie konnte stundenlang in der Sonne liegen, ohne viel zu sagen; gab einfach ihren Körper dem Licht und der Wärme hin. Manchmal spielte sie einen ganzen Nachmittag mit einem Zweig oder einem Kieselstein, während ich dabeisaß und rauchte. Beruhigend? Nein. Nein – so möchte ich sie eigentlich nicht nennen. Auf mich wirkte sie jedenfalls nicht so. Abends wurde sie lebhafter und redete etwas mehr, aber im Allgemeinen ging sie früh zu Bett und ließ Merridew und mich bei unserer Unterhaltung im Garten allein.

Ach, der Revolver. Natürlich. Ich kaufte ihn in Bath, als ich genau eine Woche in Little Hexham war. Wir fuhren morgens hin, und während Mrs Merridew einige Sachen für ihren Mann besorgte, stöberte ich in den Altwarenläden herum. Ich hatte beabsichtigt, mir ein Luftgewehr oder eine Schrotflinte oder etwas Ähnliches zu besorgen, und dann sah ich den Revolver. Sie haben ihn natürlich auch gesehen. Er ist sehr klein – fast ein Spielzeug, wie es in den Büchern immer heißt, aber dennoch eine tödliche Waffe. Der Alte, der ihn mir verkaufte, schien sich mit Schießwaffen nicht auszukennen. Er hatte ihn vor einiger Zeit als Pfand angenommen, wie er mir sagte, zusammen mit zehn Kugeln. Er machte keine Schwierigkeiten wegen eines Waffenscheins – war sicher froh, dass er das Ding verkaufen konnte. Ich erwähnte im Scherz, dass ich mir ein paar Katzen aufs Korn nehmen wolle. Bei dieser Bemerkung schien er aufzuhorchen und fragte mich, wo ich wohne. Ich erwiderte: »In Little Hexham.«

»Ich rate Ihnen, vorsichtig zu sein, Sir«, sagte er. »Sie halten da unten viel von ihren Katzen und glauben, es bringt Unglück, wenn man sie tötet.« Und dann fügte er noch etwas hinzu, das ich nicht richtig verstanden habe, etwas von einer silbernen Kugel. Er war ein tatteriger alter Mann und schien jetzt Bedenken zu hegen, ob er mir den Revolver anvertrauen könne, aber ich versicherte ihm, dass ich keine Dummheiten damit machen würde. Er sah mir von der Ladentür aus nach, während er nachdenklich an seinem Bart zupfte.

In der Nacht kam das Gewitter. Der Himmel hatte sich gegen Abend in Blei verwandelt, aber die schwüle Hitze war noch drückender als der Sonnenschein. Beide Merridews schienen hochgradig nervös zu sein – er war verdrießlich und verwünschte das Wetter und die Fliegen, sie war von einer merkwürdigen, vibrierenden Erregung befallen. Ein nahendes Gewitter wirkt auf manche Menschen so. Mir erging es nicht viel besser, und zu allem Übel beschlich mich das Gefühl, dass das Haus voller Katzen sei. Ich konnte sie nicht sehen, wusste aber, dass sie da waren, hinter den Schränken lauerten und lautlos durch die Korridore huschten. Es war mir kaum möglich, im Gastzimmer zu sitzen; ich war froh, als ich mich endlich auf mein Zimmer verziehen konnte. Katzen hin, Katzen her, ich musste das Fenster öffnen. Ich saß da, mit aufgeknöpfter Pyjamajacke, und versuchte einen Lufthauch zu erhaschen. Aber der Raum war wie das Innere eines Ofens. Und stockdunkel. Von meinem Fenster konnte ich kaum sehen, wo das Gebüsch aufhörte und der Rasen begann. Doch die Katzen konnte ich hören und fühlen. Es kratzte in der Glyzinie und raschelte in den Blättern, und gegen elf Uhr begann eine von ihnen das Konzert mit einem langen, hässlichen Jammergeschrei. Eine nach der anderen fiel ein – ich möchte schwören, dass es mindestens fünfzig waren! Und bald darauf beschlich mich wieder dieses widerliche Gefühl, das meine Haut kribbeln ließ, und ich wusste, dass sich eine der Katzen in der Dunkelheit an mich heranpirschte. Ich blickte mich um, und da stand sie, die große Moschuskatze, dicht an meiner Schulter, und ihre Augen glühten wie grüne Lampen. Mit einem gellenden Schrei schlug ich nach ihr, und sie sprang fauchend in die Tiefe. Ich hörte sie auf dem Kies landen, und überall im Garten brach von neuem ein heftiges Gejaule aus. Im nächsten Augenblick herrschte völlige Stille. In der Ferne sah man einen züngelnden blauen Blitz – kurz darauf noch einen. Beim ersten erkannte ich, dass die Gartenmauer der Länge nach von Katzen besetzt war, wie der Fries in einem Kinderzimmer. Beim zweiten Blitz war die Mauer leer.

Um zwei Uhr kam der Regen. Drei Stunden lang hatte ich am Fenster gesessen und beobachtet, wie die Blitze über den Himmel zuckten, und mich am Krachen des Donners ergötzt. Das Gewitter schien die elektrischen Spannungen aus meinem Körper entfernt zu haben – ich hätte vor Erregung und Erleichterung schreien können. Dann fielen die ersten schweren Tropfen, die bald in einen kräftigen Regen übergingen. Schließlich die Sintflut. Mit einem Geräusch wie von fallenden Stahlstäben prasselte der Regen auf den ausgedörrten Boden. Der Erdgeruch drang berauschend ins Zimmer, und der zunehmende Wind schleuderte mir die Tropfen ins Gesicht. Ich hörte am anderen Ende des Korridors ein Fenster zuschlagen, aber ich lehnte mich weit hinaus und ließ Kopf und Schultern vom Regen überfluten. Der Donner grollte noch von Zeit zu Zeit, aber weniger laut und in weiterer Ferne, und im Schein eines gelegentlichen Blitzes sah ich das weiße Gitterwerk des fallenden Wassers zwischen mir und dem Garten.

Nach einem dieser Donnerschläge vernahm ich ein Klopfen an meiner Tür. Ich öffnete, und auf der Schwelle stand Merridew mit einer Kerze in der Hand und schreckensbleich.

»Felicitas!«, sagte er. »Sie ist krank. Ich kann sie nicht wach bekommen. Um Himmels willen, komm und hilf mir!«

Ich folgte ihm in sein Zimmer. Hier standen zwei Betten – ein mit karmesinrotem Damast behangenes Himmelbett und ein schmales, nahe ans Fenster gerücktes Feldbett. Das schmale Bett war leer. Die beiseite geworfenen Decken deuteten darauf hin, dass Merridew sich gerade von diesem Lager erhoben hatte. Im Himmelbett lag Mrs Merridew, nackt, nur mit einem Laken bedeckt. Ihr langes schwarzes Haar hing in zwei Zöpfen über ihre Schultern. Ihr Gesicht war wächsern, eingefallen wie bei einer Leiche, und ihr Puls so schwach, dass ich ihn zuerst kaum finden konnte. Sie atmete langsam und flach, und ihre Haut fühlte sich kalt an. Ich schüttelte sie, aber ohne jede Wirkung. Dann zog ich ihre Augenlider hoch und sah, dass die Iris unter den Lidern verschwunden war, sodass nur noch das Weiße sichtbar war. Ich berührte einen der empfindlichen Augäpfel mit meiner Fingerspitze, ohne eine Reaktion. Ich fragte mich, ob sie wohl ein Rauschgift nahm.

Merridew hielt eine Erklärung für angebracht und stotterte etwas von der Hitze – sie konnte nicht einmal ein seidenes Nachthemd ertragen – sie hatte ihm den Vorschlag gemacht, im anderen Bett zu schlafen – er hatte nicht einmal das Gewitter gehört – war erst aufgewacht, als ihm der Regen ins Gesicht strömte. Er war aufgestanden und hatte das Fenster zugemacht. Dann hatte er nach ihr gerufen, um zu wissen, ob alles in Ordnung sei – er nahm an, dass das Gewitter sie vielleicht erschreckt habe. Es kam keine Antwort. Dann hatte er eine Kerze angezündet, und ihr Zustand hatte ihm Angst eingejagt – und so weiter.

Ich bat ihn, sich zusammenzunehmen, und sagte, wir wollten versuchen, ihre Blutzirkulation anzuregen, indem wir ihr die Hände und Füße rieben. Ich war überzeugt, dass sie unter dem Einfluss eines Opiates stand. Wir machten uns an die Arbeit: Wir rieben sie, kneteten sie, schlugen sie mit nassen Handtüchern und riefen sie beim Namen. Aber es war, als hätten wir eine Tote vor uns. Dass sie noch lebte, deutete nur das leichte, aber regelmäßige Heben und Senken ihres Busens an, auf dem ich – überrascht, dass die magnolienhafte Weiße irgendwie getrübt war – gerade über dem Herzen ein großes braunes Muttermal entdeckte. Auf meine verstörte Fantasie wirkte es wie eine Wunde und eine Drohung. Wir hatten uns bereits eine Zeit lang heftig abgemüht, als wir durch ein Geräusch vor dem Fenster abgelenkt wurden. Ich ergriff die Kerze und blickte hinaus.

Auf der Fensterbank saß die Moschuskatze und kratzte an der Scheibe. Das nasse Fell klebte ihr am Körper, ihre Augen blickten mich böse an, ihr Maul war in heftigem Protest geöffnet. Sie klammerte sich ungestüm an das Fensterkreuz, während ihre Hinterpfoten kratzend auf dem Holzwerk ausrutschten. Ich hämmerte an die Scheibe und brüllte sie an, und sie schlug wie besessen mit den Pfoten gegen das Glas. Als ich mich fluchend abwandte, stieß sie einen langen, verzweifelten Schrei aus ...

Merridew rief mir zu, ich möchte die Kerze bringen und das Biest in Ruhe lassen. Ich kehrte ans Bett zurück, aber das Gejammer nahm kein Ende. Ich schlug Merridew vor, den Wirt zu wecken, Wärmflaschen und Brandy zu holen und nach Möglichkeit einen Boten zum Arzt zu schicken. Während er sich auf den Weg machte, fuhr ich mit der Massage fort. Mir war, als ob ihr Puls schwächer würde. Dann fiel mir plötzlich ein, dass ich eine kleine Brandyflasche in meinem Koffer hatte. Ich lief hinaus, um sie zu holen, und sofort hörte das Heulen der Katze auf.

Als ich mein Zimmer betrat, empfand ich den durch das offene Fenster wehenden Luftzug als sehr angenehm. Ich fand meinen Koffer im Dunkeln und wühlte unter Hemden und Socken nach der Flasche, als ich auf einmal ein lautes, triumphierendes »Miau« hörte. Ich drehte mich rasch um und sah gerade noch, wie die Moschuskatze sich auf der Fensterbank duckte, bevor sie an mir vorbei aus dem Zimmer sprang. Ich fand die Flasche und eilte damit zurück, gerade als Merridew und der Wirt die Treppe hinaufstürmten.

Wir betraten alle zusammen das Zimmer, und in diesem Augenblick regte sich Mrs Merridew, richtete sich auf und fragte uns erstaunt, was denn eigentlich los sei.

Ich bin mir selten so blöde vorgekommen.

Am nächsten Tag war es kühler. Das Gewitter hatte die Luft gereinigt. Was Merridew seiner Frau erzählt hatte, weiß ich nicht. Keiner von uns spielte auf den nächtlichen Zwischenfall an, und allem Anschein nach befand sich Mrs Merridew bei bester Gesundheit und Laune. Merridew nahm sich einen Tag frei, und wir machten alle zusammen eine lange Picknick-Tour. Wir befanden uns im besten Einvernehmen. Fragen Sie Merridew – er wird es Ihnen bestätigen. Er würde … er könnte bestimmt nichts anderes sagen. Ich kann nicht glauben, Harringay, ich kann einfach nicht glauben, dass er sich vorstellen oder den Verdacht haben könnte, dass ich … Hören Sie, es gab überhaupt nichts, das einen Verdacht erwecken konnte. Gar nichts! Ja – dies ist das wichtige Datum – der 24. Juni. Ich kann Ihnen keine weiteren Einzelheiten geben; es gibt nichts zu berichten. Wir kehrten zurück und nahmen, wie üblich, unser Dinner ein. Alle drei hatten wir den ganzen Tag bis zum Schlafengehen zusammen verbracht. Ich gebe Ihnen mein Ehrenwort, dass ich an diesem Tage weder mit ihm noch mit ihr irgendeine Privatunterredung gehabt habe. Ich ging als Erster zu Bett, und ich hörte, wie die anderen etwa eine halbe Stunde später die Treppe heraufkamen.

Es war eine mondhelle Nacht. Ausnahmsweise störte kein Katzengeschrei die nächtliche Stille. Ich schloss nicht einmal das Fenster oder die Tür. Bevor ich zu Bett ging, legte ich den Revolver neben mich auf den Stuhl. Ja, er war geladen. Ich hatte die Absicht, auf die Katzen zu schießen, falls ihr Treiben wieder losging.

Ich war todmüde und nahm an, dass ich sofort einschlafen würde, aber die Erwartung erfüllte sich nicht. Wahrscheinlich war ich übermüdet. Ich lag im Bett und starrte auf das Mondlicht. Und dann, gegen Mitternacht, hörte ich das, worauf ich unbewusst wohl gewartet hatte: ein verstohlenes Rascheln in der Glyzinie und ein schwaches Miauen.

Ich richtete mich im Bett auf und griff nach dem Revolver. Ich hörte den Aufprall, als die große Katze auf den Fenstersims sprang. Ich sah deutlich die schwarz und silbrig gestreiften Flanken, den Umriss ihres Kopfes, die gespitzten Ohren, den aufgerichteten Schwanz. Ich zielte und drückte ab. Das Biest stieß einen fürchterlichen Schrei aus und sprang ins Zimmer.

Ich schnellte aus dem Bett. Der Knall meines Schusses hallte mit vielfachem Echo durch das schweigende Haus. Irgendwo in der Ferne hörte ich eine Stimme. Mit dem Revolver in der Hand verfolgte ich die Katze in den Korridor, um ihr vollends den Garaus zu machen. Und da sah ich Mrs Merridew im Türrahmen von Merridews Zimmer. Sie stützte sich mit beiden Händen an den Türpfosten und schwankte hin und her. Dann sank sie vor mir zu Boden. Ihre nackte Brust war über und über mit Blut bedeckt. Als ich, den Revolver umklammernd, dastand und auf sie herabstarrte, kam Merridew heraus und fand uns – so …

Nun, Harringay, das ist meine Geschichte, genau wie ich sie Peabody auch erzählt habe. Ich fürchte, sie wird vor Gericht nicht gut klingen, aber ich kann es nicht ändern. Die Blutspuren führten von meinem Zimmer bis zu ihrem; die Katze muss diesen Weg genommen haben. Ich weiß, dass es die Katze war, die ich angeschossen habe. Eine Erklärung kann ich Ihnen nicht geben. Ich kann nicht sagen, wer Mrs Merridew erschossen hat oder warum. Auch kann ich nichts dafür, wenn die Leute im Gasthaus behaupten, sie hätten die Moschuskatze nie gesehen. Merridew hat sie in jener Nacht gesehen, und ich weiß, dass er es nicht abstreiten wird. Durchsuchen Sie das Haus, Harringay – das ist das Einzige, was man tun kann. Kehren Sie das Unterste zuoberst, bis Sie den Kadaver der Moschuskatze finden. In ihm werden Sie meine Kugel entdecken.

SCHAURIGE GESTALTEN

Fredric Brown

Die Giesenstecks

Eine der Merkwürdigkeiten an dem Ganzen war der Umstand, dass Aubrey Walters ganz und gar kein sonderbares kleines Mädchen war. Sie war genauso wenig ungewöhnlich wie ihr Vater und ihre Mutter, die in einer Wohnung in der Otis Street wohnten, einen Abend in der Woche Bridge spielten und an einem zweiten irgendwohin ausgingen, während sie die anderen Abende in Ruhe zu Hause verbrachten.

Aubrey war neun Jahre alt, sie hatte eher straffes Haar und Sommersprossen, aber mit neun Jahren macht man sich ja darüber noch keine Gedanken. In der nicht zu teuren Privatschule, in die sie ihre Eltern schickten, kam sie mit allen ziemlich gut aus. Sie freundete sich rasch und bereitwillig mit anderen Kindern an. Und sie lernte auf einer Dreiviertelgeige abscheulich Violine spielen.

Ihr größter Fehler war möglicherweise ihre Neigung, abends lange aufzubleiben; was aber in Wirklichkeit die Schuld ihrer Eltern war, die sie auf und angezogen ließen, bis sie schläfrig war und selbst ins Bett wollte. Bereits mit fünf oder sechs Jahren ging sie selten vor zehn Uhr abends zu Bett. Wurde sie jedoch, in einer Periode mütterlicher Besorgtheit, früher niedergelegt, so schlief sie ohnehin nicht ein. Weshalb sollte man sie also nicht aufbleiben lassen?

Mit neun Jahren blieb sie genauso lange auf wie ihre Eltern, also bis elf Uhr normalerweise und noch später. Wenn Gesellschaft zum Bridge da war und wenn sie abends ausgingen, dann wurde es ganz spät, denn meistens nahmen sie sie mit.

Aubrey war glücklich darüber, was immer auch auf dem Programm stand. Sie saß so still wie ein Mäuslein auf ihrem Sitz im Theater, oder sie sah sie mit der Neugierde eines kleinen Mädchens über den Rand ihres Glases Himbeersaft an, während sie in einem Nachtlokal ein oder zwei Cocktails tranken. Den Trubel, die Musik und das Tanzen, das alles nahm sie mit großen Augen wie ein Wunder in sich auf, und es gefiel ihr in jedem Augenblick.

Manchmal kam Onkel Richard, der Bruder ihrer Mutter, mit. Sie und Onkel Richard waren große Freunde. Onkel Richard war es, der ihr die Puppen schenkte.

»Was Lustiges passierte heute«, hatte er gesagt. »Ich gehe über den Rodgers-Platz, am Marinegebäude vorbei – du weißt, Edith, Doktor Howard hatte dort sein Büro –, da fällt plötzlich hinter mir etwas auf den Gehsteig. Ich drehe mich um, und da liegt dieses Paket.«

»Dieses Paket« war eine weiße Schachtel, ein bisschen größer als ein Schuhkarton, und sonderbarerweise mit einem grauen Band zugebunden. Sam Walters, Aubreys Vater, betrachtete es neugierig.

»Sieht gar nicht beschädigt aus«, sagt er. »Das kann nicht aus einem sehr hohen Fenster hinuntergefallen sein. Und es war so zugebunden?«

»Genau so. Ich habe das Band wieder draufgegeben, nachdem ich die Schachtel geöffnet und hineingesehen hatte. Das heißt natürlich nicht, dass ich es gleich dort aufgemacht hätte. Ich blieb nur stehen, um zu schauen, wem es hinuntergefallen sein mochte – ich dachte, es würde jemand aus dem Fenster hinausschauen. Aber das war nicht der Fall, und so hob ich die Schachtel auf. Es war etwas drinnen, nicht sehr schwer, und die Schachtel mit dem Band herum sah nicht so aus – nun ja, eben nicht so, als ob sie jemand absichtlich fortgeworfen hätte. Ich schüttelte die Schachtel ein wenig und …«

»Gut, gut«, sagte Sam Walters. »Erspare uns die Einzelheiten. Du bist also nicht draufgekommen, wer sie hinunterwarf?«

»Richtig. Und ich bin bis in den dritten Stock hinaufgestiegen und habe die Leute gefragt, die über der Stelle wohnten, wo ich die Schachtel fand, und deren Fenster offen waren. Sie waren durch Zufall alle zu Hause, und keiner von ihnen hatte die Schachtel jemals gesehen. Ich dachte, sie wäre von einem Sims hinuntergefallen. Indessen ...«

»Was ist denn drinnen, Dick?«, fragte Edith.

»Puppen. Vier Stück. Ich habe sie für Aubrey mitgebracht. Wenn sie sie will.«

Er knüpfte das Band um die Schachtel auf, und Aubrey sagte: »Ohhhhh, Onkel Richard. Die – die sind entzückend.«

Sam sagte: »Hm. Sie schauen fast mehr wie Kostümpuppen aus, wie Mannequins. Die Art, wie sie angezogen sind, kenne ich. Da muss jede einige Dollar gekostet haben. Bist du sicher, dass sich der Eigentümer nicht meldet?«

Richard zuckte die Achseln. »Könnte mir nicht denken, wie. Wie ich dir gesagt habe, bin ich in den dritten Stock hinaufgestiegen und habe alle gefragt, obwohl ich mir nach dem Aussehen der Schachtel und nach der geringen Wucht, mit der sie auffiel, sagte, dass sie gar nicht von so hoch oben gekommen sein konnte. Und als ich sie aufgemacht hatte, na ja, sieh selbst!« Er nahm eine der Puppen und hielt sie Walters hin.

»Wachs. Die Köpfe und Hände, nicht wahr. Und nicht eine von ihnen zerbrochen. Sie können nicht höher als vom zweiten Stock hinuntergefallen sein. Aber selbst dann kann ich mir nicht vorstellen wie.«

Er zuckte wiederum die Achseln.

»Das sind die Giesenstecks«, sagte Aubrey.

»Die was?«, fragte Sam.

»Ich werde sie Giesenstecks nennen«, sagte Aubrey. »Schau, das hier ist Papa Giesensteck, das ist Mama Giesensteck, das kleine Mädchen da – das – das ist Aubrey Giesensteck. Und den zweiten Herrn, den nennen wir Onkel Giesensteck. Der Onkel von dem kleinen Mädchen.«

Sam kicherte. »Wie wir, was? Wenn aber Onkel – äh – Giesensteck der Bruder von Mama Giesensteck ist, so wie Onkel Richard Mamas Bruder ist, dann würde er ja nicht Giesensteck heißen.«

»Das ist ganz gleich«, sagte Aubrey. »Sie heißen alle Giesensteck. Papa, kaufst du mir ein Haus für sie?«

»Ein Puppenhaus? Na ja …« Er hatte schon sagen wollen »Na ja, freilich«, da traf ihn ein Blick seiner Frau, und er besann sich. Es war nur mehr eine Woche bis zu Aubreys Geburtstag, und sie hatten sich bereits den Kopf darüber zerbrochen, was sie ihr kaufen sollten. So sagte er also rasch: »Na ich weiß jetzt nicht. Ich werde es mir durch den Kopf gehen lassen.«

Es war ein schönes Puppenhaus. Es war ebenerdig, aber ziemlich ausgearbeitet. Es hatte ein Dach, das sich abheben ließ, sodass man die Möbel umstellen und die Puppen aus einem Raum in den anderen geben konnte. Es passte sehr gut zu den Mannequins, die Onkel Richard gebracht hatte.

Aubrey war hingerissen. Alle ihre anderen Spielsachen waren vergessen, und das Leben und Treiben der Giesenstecks füllte ihr ganzes kleines Leben aus.

Es dauerte eine ganze Weile, bis das Sam Walters auffiel und er darüber nachzudenken anfing, welch sonderbaren Aspekt doch das Treiben der Giesenstecks eigentlich hatte. Zunächst mit einem stillen Lächeln über die Vorfälle, die einander ablösten. Und dann mit einer gewissen Verwirrung.

Es dauerte dann noch eine Zeit lang, bis er Richard einmal auf die Seite nahm. Sie waren alle vier gerade von einem Theaterstück nach Hause gekommen.

»Äh – Dick.«

»Ja, Sam?«

»Diese Puppen, Dick. Wo hast du sie wirklich her?«

Richard starrte ihn verständnislos an. »Was soll das heißen, Sam? Ich habe dir doch gesagt, wo ich sie herhabe.«

»Schön. Aber du hast dir nicht vielleicht einen Scherz erlaubt oder so etwas? Ich meine, vielleicht hast du sie für Aubrey gekauft und dir gedacht, wir würden nicht einverstanden sein, wenn du ihr so ein teures Geschenk machst. So hast du, ähem …«

»Nein, auf Ehre. Wirklich nicht.«

»Aber zum Teufel, Dick, die können doch nicht hinuntergefallen oder hinuntergeworfen worden und nicht zerbrochen sein. Sie sind doch aus Wachs. Könnte nicht jemand, der hinter dir ging … oder in einem Auto vorüberfuhr oder so etwas?«

»Es war niemand da, Sam. Kein Mensch. Ich habe mich das selbst schon gefragt. Wenn ich aber gelogen hätte, dann würde ich nicht eine so verrückte Geschichte erfunden haben, oder? Ich hätte einfach gesagt, ich habe sie auf einer Parkbank gefunden oder im Kino auf einem Sitz. Aber warum fragst du mich?«

Sam Walters beschäftigte sich auch weiter damit.

Es waren Kleinigkeiten, meistens. Wie damals, als Aubrey gesagt hatte: »Papa Giesensteck ist heute nicht ins Büro gegangen. Er ist krank und liegt im Bett.«

»So?«, hatte Sam gefragt. »Was fehlt denn dem Herrn?«

»Magenverstimmung, glaube ich.«

Am nächsten Morgen beim Frühstück. »Und wie geht es Mr Giesensteck, Aubrey?«

»Ein bisschen besser, aber er darf heute noch nicht wieder ins Büro, hat der Doktor gesagt. Morgen vielleicht.«

Am nächsten Tag ging Mr Giesensteck wieder ins Büro. Das war, wie sich zeigte, der Tag, an dem Sam Walters nach Hause kam und sich sehr schlecht fühlte, weil er zum Lunch etwas Unrechtes gegessen hatte. Ja, er musste zwei Tage zu Hause bleiben. Das erste Mal seit mehreren Jahren, dass er einer Krankheit wegen zu Hause geblieben war.

Und manches kam schneller als dies, manches langsamer. Man konnte nicht mit Bestimmtheit sagen: »Wenn dies und das den Giesenstecks widerfährt, dann wird es innerhalb von vierundzwanzig Stunden auch uns passieren.« Manchmal geschah es in weniger als einer Stunde. Dann dauerte es wieder eine Woche.

»Mama und Papa Giesensteck haben heute gestritten.« Und Sam hatte sich bemüht, diesen Streit mit Edith zu vermeiden, doch es schien, als ginge es einfach nicht. Er war ziemlich spät nach Hause gekommen, ohne jedoch etwas dafür zu können. Es war schon oft vorgekommen, aber diesmal nahm Edith es anders auf. Sanfte Entgegnungen waren nicht imstande gewesen, diesen Groll abzuwehren, und schließlich hatte er selbst die Beherrschung verloren.

»Onkel Giesensteck fährt weg auf Besuch.«

Richard hatte die Stadt seit Jahren nicht verlassen, aber plötzlich fiel es ihm ein, für die kommende Woche nach New York hinunterzufahren. »Pete und Amy, wisst ihr. Sie haben mir einen Brief geschrieben, in dem sie mich einladen.«

»Wann?«, fragte Sam, beinahe scharf. »Wann hast du diesen Brief erhalten?«

»Gestern.«

»Dann hast du also vergangene Woche noch nicht ... das klingt ein bisschen blöd, Dick, aber hast du vergangene Woche daran gedacht, irgendwohin zu fahren? Hast du mit ... mit jemandem über die Möglichkeit, dass du jemandem einen Besuch abstatten könntest, gesprochen?«

»Gott, nein. Ich habe seit Monaten nicht einmal an Pete und Amy gedacht, bis ich gestern ihren Brief bekam. Sie wollen, dass ich eine Woche bleibe.«

»Du wirst vielleicht in drei Tagen zurück sein«, hatte Sam gesagt. Aber er wollte keine Erklärung dafür geben, auch nicht, als Richard tatsächlich nach drei Tagen zurückkam. Es war einfach zu einfältig, jemandem zu sagen, dass er gewusst hatte, wie lange Richard weg sein würde, bloß weil Onkel Giesensteck ebenso lange fort gewesen war.

Sam Walters fing an, seine Tochter zu beobachten und sich eine Frage vorzustellen. Sie war es natürlich, die die Giesenstecks alles unternehmen ließ. War es möglich, dass Aubrey irgendeine sonderbare Hellsicht besaß, die sie unbewusst dazu veranlasste, Dinge vorauszusagen, die den Walters und Richard zustoßen würden?

Er glaubte natürlich nicht an Hellseherei. Aber war Aubrey vielleicht doch so hellseherisch veranlagt?

»Mrs Giesensteck geht heute einkaufen. Sie wird sich einen neuen Mantel kaufen.«

Das klang beinahe nach Verabredung.

Edith hatte Aubrey zugelächelt und dann Sam angesehen. »Da fällt mir ein, Sam, morgen bin ich in der Stadt. Es ist gerade Ausverkauf bei ...«

»Aber Edith, jetzt ist Krieg. Und du brauchst doch keinen Mantel.«

Er debattierte mit ihr so ernsthaft, dass er darüber zu spät ins Büro kam. Und er hatte einen schweren Stand, weil sie sich den Mantel wirklich leisten konnten und weil sie sich tatsächlich seit zwei Jahren keinen gekauft hatte. Aber er konnte nicht erklären, dass der wirkliche Grund der war, dass Mrs Giesen… nein, es war so lächerlich, dass er es nicht einmal in Gedanken wiederholen konnte.

Edith kaufte sich den Mantel.

Sonderbarerweise hatte Sam das Gefühl, dass niemand anderer diese merkwürdigen Zufälle bemerkte. Aber Richard war nicht immer da, und Edith besaß die Gabe, dem Geschnatter Aubreys zuzuhören, ohne dass ihr neun Zehntel davon überhaupt bewusst wurden.

»Aubrey Giesensteck hat heute ihr Zeugnis nach Hause gebracht, Papa. Sie hat einen Einser in Rechnen und einen Zweier in Lesen und …«

Zwei Tage später rief Sam den Direktor der Schule an. Von einer öffentlichen Telefonzelle natürlich, damit ihn niemand hören konnte.

»Mr Bradley, ich möchte Sie etwas fragen, wofür ich einen – äh – ziemlich sonderbaren Grund habe. Es ist aber wichtig für mich. Wäre es einem Schüler Ihrer Schule möglich, schon vorher genau zu wissen, welche Noten …«

Nein, nicht möglich. Die Lehrer selbst wussten es nicht immer, bevor die Zeugnisse geschrieben waren, und das war erst gestern Vormittag geschehen, während die Kinder spielten.

»Sam«, sagte Richard, »du siehst schlecht aus. Sorgen im Geschäft? Schau, die Lage bessert sich ja.«

»Das ist es nicht, Dick. Ich habe – keine Sorgen. Das heißt, nicht direkt …« Und er musste sich aus dem Kreuzverhör herausschwindeln, indem er Richard eine Sorge oder zwei aufband, damit er sich zufrieden gab.

Er dachte viel über die Giesenstecks nach. Zu viel. Hätte er zu Aberglauben oder zur Leichtgläubigkeit geneigt, es wäre nicht so arg gewesen. Aber das war eben nicht der Fall. Deshalb traf ihn auch jede neue sonderbare Übereinstimmung ein wenig härter.

Sowohl Edith als auch ihrem Bruder fiel das auf und sie sprachen in seiner Abwesenheit darüber.

»Er hat sich in letzter Zeit wirklich sonderbar aufgeführt, Dick. Ich … ich bin wirklich besorgt. Er benimmt sich so … Glaubst du, wir könnten ihn dazu überreden, dass er zu einem Arzt geht oder zu einem …«

»Psychiater? Hm, wenn er darauf eingeht. Aber ich kann mir das nicht vorstellen, Edith. Irgendwas nagt an ihm, ich muss aus ihm herausbekommen, was, aber er spricht sich nicht aus. Weißt du, ich glaube, es hat etwas mit diesen verdammten Puppen zu tun.«

»Puppen? Du meinst Aubreys Puppen? Die, die du ihr geschenkt hast?«

»Ja, die Giesenstecks. Er sitzt da und starrt das Puppenhaus an. Ich habe gehört, wie er dem Kind darüber Fragen stellt, und im Ernst, ich glaube fast, er bildet sich wegen der Puppen was ein oder so was. Es dreht sich jedenfalls um sie.

»Aber Dick, das ist doch furchtbar!«

»Schau, Ditha, Aubrey kümmert sich nicht mehr so viel um sie wie früher. Gibt es etwas, das sie sich sehr wünscht?«

»Ja, Tanzstunden. Aber sie lernt bereits Geige, und ich glaube nicht, dass wir ihr …«

»Glaubst du, dass sie die Puppen sein ließe, wenn wir ihr Tanzstunden versprächen? Mir scheint, wir sollten sie verschwinden lassen. Und da ich Aubrey nicht wehtun will …«

»Gut, aber was sollen wir ihr sagen?«

«Sag ihr, ich kenne eine arme Familie mit Kindern, die überhaupt keine Puppen haben. Ich glaube, dass sie einverstanden sein wird, wenn du ihr das mit allem Nachdruck sagst.«

»Aber Dick, was sollen wir Sam sagen? Er wird uns durchschauen.«

»Sam sagst du, wenn Aubrey nicht dabei ist, dass du glaubst, dass sie für Puppen nun schon zu groß wird, und dass … sag ihm, dass sie sich mehr damit beschäftigt, als ihr gut tut, und dass der Arzt den Rat gegeben hat, so etwas.«

Aubrey war nicht begeistert. Sie war nicht mehr so auf die Giesenstecks versessen wie am Anfang, als sie ihr neu waren, aber sie hätte gern Puppen *und* Tanzstunden gehabt.

»Ich glaube nicht, dass du für beides Zeit haben wirst, Liebling. Und da sind ja diese armen Kinder, die überhaupt keine Puppen zum Spielen haben und die dir leidtun sollten.«

So gab Aubrey schließlich nach. Die Tanzschule wurde allerdings erst in zehn Tagen eröffnet, und sie wollte die Puppen behalten, bis die Stunden anfingen. Diskussionen darüber führten zu nichts.

»Das ist schon in Ordnung, Ditha«, sagte Richard. »In zehn Tagen ist es besser als überhaupt nicht, und, na ja, wenn sie sie überhaupt nicht hergibt, gibt es einen Wirbel, und Sam kommt hinter das, was wir vorhaben. Du hast ihm doch kein Sterbenswörtchen gesagt?«

»Nein, aber vielleicht wäre es besser, wenn wir sagen würden, dass wir sie ...«

»Bestimmt nicht. Wir wissen nicht, was es eigentlich ist, das ihn daran fasziniert oder abstößt. Warten wir's ab, und sag ihm, Aubrey hat sie bereits hergeschenkt. Sonst könnte er irgendwelche Einwände erheben, oder er könnte die Puppen selbst behalten wollen. Wenn ich sie vorher fortbringe, kann er nichts mehr machen.«

»Du hast Recht, Dick. Und Aubrey wird es ihm nicht sagen, weil ich ihr gesagt habe, dass die Tanzstunden eine Überraschung für Sam sein sollen. Sie kann ihm nichts von den Puppen sagen, wenn sie nicht die Tanzstunden erwähnt.«

»Prima, Edith.«

Es wäre vielleicht besser gewesen, wenn Sam davon gewusst hätte. Aber vielleicht wäre trotzdem alles genauso geschehen.

Der arme Sam.

Er erlebte gleich am Abend eine böse Überraschung. Eine Schulfreundin von Aubrey war zu Besuch, und die beiden Kinder spielten mit dem Puppenhaus.

Sam beobachtete sie, während er gleichmütig dreinzusehen versuchte. Edith strickte, und Richard, der gerade gekommen war, las die Zeitung. Nur Sam hörte den Kindern zu und vernahm daher den Vorschlag:

»... und jetzt spielen wir Begräbnis, Aubrey. Wir tun einfach so, als wäre einer von ihnen ...«

Sam Walters stieß einen erstickten Schrei aus und wäre beinahe hingefallen, als er quer durchs Zimmer ging.

Es gab einen peinlichen Augenblick, aber Edith und Richard gelang es, so zu tun, als wäre nichts gewesen. Edith fand, es sei schon Zeit für Aubreys kleine Freundin, nach Hause zu gehen. Sie warf Richard einen bezeichnenden Blick zu, und sie brachten beide das Mädchen hinaus.

Sie flüsterte: »Dick, hast du gesehen …«

»Etwas ist nicht in Ordnung, Ditha. Vielleicht sollten wir abwarten. Aubrey hat schließlich gesagt, dass sie sie hergeben wird, und …«

Im Wohnzimmer rang Sam immer noch nach Luft. Aubrey sah ihn so an, als fürchtete sie sich vor ihm. Es war das erste Mal, dass sie ihn so ansah, und Sam fühlte sich beschämt. Er sagte: »Herzchen, es tut mir leid – aber hör zu, versprich mir, dass du niemals mit deinen Puppen Begräbnis spielen wirst. Oder dass eine von ihnen schwer krank ist oder einen Unfall hat – oder überhaupt etwas Schlimmes. Versprichst du's?«

»Ja, Papa. Ich werde sie jetzt wegräumen für heute.«

Sie deckte das Puppenhaus zu und ging in die Küche.

Im Vorzimmer sagte Ditha: »Ich werde mit Aubrey allein reden und die Sache in Ordnung bringen. Du sprichst mit Sam. Sag ihm, wir wollen heute Abend ausgehen, irgendwohin, dass er von dem allem wegkommt. Versuch's einmal.

Sam starrte noch immer auf das Puppenhaus.

»Wollen wir uns nicht unterhalten gehen, Sam?«, fragte Richard. »Wie wär's, wenn wir ausgingen? Wir sind die ganze Zeit hier herumgesessen. Es wird uns gut tun.«

Sam holte tief Atem. »Okay, Dick. Wenn du meinst. Ich – ich könnte ein wenig Zerstreuung brauchen, scheint mir.«

Ditha kam mit Aubrey zurück und blinzelte ihrem Bruder zu. »Ihr geht inzwischen voraus und holt ein Taxi vom Taxistand an der Ecke. Aubrey und ich werden unten sein, bis ihr zurückkommt.«

Hinter Sams Rücken warf Richard Edith einen fragenden Blick zu, als die Männer gerade ihre Mäntel anzogen, und sie zuckte als Antwort.

Draußen lag dichter Nebel. Man sah nur ein paar Schritte weit.

Sam bestand darauf, dass Richard beim Haustor auf Edith und Aubrey wartete, während er um das Taxi ging.

Die Frau und das Mädchen kamen gerade einen Augenblick vor Sams Rückkehr herunter.

Richard fragte: »Hast du …«

»Ja, Dick. Ich wollte sie wegwerfen, aber ich habe sie stattdessen hergeschenkt. So sind sie jedenfalls fort; am Ende hätte er sie noch in der Mülltonne gesucht, wenn ich sie weggeworfen hätte, und gefunden.«

»Hergeschenkt? An wen?«

»Das ist das Lustigste, Dick. Ich habe die Tür aufgemacht, und da ging eine alte Frau auf dem Gang vorbei. Ich weiß nicht, aus welcher Wohnung sie kam. Sie muss ein Putzfrau oder so etwas gewesen sein, obwohl sie wie eine Hexe ausgesehen hat. Als sie aber die Puppen in meiner Hand sah …«

»Da kommt das Taxi«, sagte Dick. »Hast du sie ihr gegeben?«

»Ja. Es war sonderbar. Sie hat gesagt: ›Gehören sie mir? Für immer?‹ Ist das nicht eine sonderbare Frage? Aber ich habe nur gelacht und gesagt: ›Ja, Madam. Für im…‹«

Sie verstummte, denn der schattenhafte Umriss des Taxis tauchte am Randstein auf, und Sam öffnete den Schlag und rief: »Na, kommt schon!«

Aubrey schlüpfte über den Gehsteig ins Taxi und die anderen ihr nach.

Es fuhr an.

Der Nebel war dichter geworden. Durch die Fenster konnte man nichts sehen. Es war, als stünde eine graue Wand vor den Scheiben, als wäre die Welt draußen völlig und für immer verschwunden. Sogar die Windschutzscheibe bot von ihrem Platz aus nur ein gleichmäßiges, undurchdringliches Grau.

»Wieso fährt der so schnell?«, fragte Dick, und in seiner Stimme bebte leichte Nervosität. »Wo fahren wir denn übrigens hin, Sam?«

»Oh, jetzt habe ich ganz vergessen, es ihr zu sagen«, entgegnete Sam.

»Ihr?«

»Ja. Eine Frau sitzt am Steuer. Haben ja jetzt viele Taxis. Ich …«

Er beugte sich vor und klopfte an die Glasscheibe. Die Frau drehte sich um. Edith sah ihr Gesicht und schrie.

Saki
Die offene Tür

»Meine Tante wird gleich kommen, Mr Nuttel«, sagte eine sehr selbstbewusste junge Dame von fünfzehn Jahren. »Bis dahin müssen Sie schon mit mir vorlieb nehmen.«

Framton Nuttel war bemüht, etwas Passendes zu sagen. Einerseits sollte es der anwesenden Nichte gebührend schmeicheln, andererseits durfte es jedoch die in Aussicht gestellte Tante nicht ungebührlich übergehen. Jedenfalls verstärkten sich seine Zweifel, ob diese förmlichen Besuche bei einer Reihe ihm vollkommen fremder Menschen der nervlichen Ausspannung, die er für dringend notwendig hielt, dienlich sein würden.

»Ich kann dir jetzt schon sagen, wie die Geschichte ausgehen wird«, hatte seine Schwester gesagt, als er seine Reise in diese ländliche Abgeschiedenheit vorbereitete. »Du wirst dich dort verkriechen, mit keinem Menschen reden – und schließlich werden deine Nerven durch die Eintönigkeit noch gereizter sein als vorher. Ich gebe dir lieber einige Briefe an die Menschen mit, die ich damals kennen lernte. Soweit ich mich erinnere, waren einige ganz nett.«

Framton überlegte nun, ob Mrs Sappleton, der er jetzt einen dieser Briefe überreichen wollte, zu den Netten gehörte.

»Sind Sie hier mit vielen Leuten bekannt?«, fragte die Nichte, denn sie war der Ansicht, dass sie sich lange genug gegenübergesessen hätten, ohne ein Wort zu sagen.

»Mit keiner Menschenseele«, sagte Framton. »Meine Schwester wohnte bis vor vier Jahren im Pfarrhaus und gab mir einige Briefe an ihre Bekannten mit.«

Ein hörbares Bedauern schwang in dieser letzten Feststellung mit.

»Dann werden Sie wohl auch kaum etwas über meine Tante wissen?«, fuhr die selbstbewusste junge Dame fort.

»Ich kenne nur ihren Namen und ihre Adresse«, gab der Besucher zu. Dabei versuchte er zu ergründen, ob Mrs Sappleton verheiratet oder verwitwet wäre. Die Atmosphäre dieses Raumes schien irgendwie auf gewisse männliche Gewohnheiten hinzudeuten.

»Die große Tragödie, die meine Tante erlebte, liegt jetzt schon drei Jahre zurück«, sagte das Kind. »Ihre Schwester war wohl zu jener Zeit nicht mehr hier.«

»Die Tragödie?«, fragte Framton. Er hatte das Gefühl, dass Tragödien eigentlich gar nicht zu diesem ländlichen Ort passten.

»Vielleicht haben Sie sich schon gewundert, dass die Terrassentür selbst an einem Oktobertag noch so weit offen steht«, sagte die Nichte und deutete auf die breite Tür, die in den Garten hinausführte.

»Ich finde, dass es für diese Jahreszeit noch recht warm ist«, sagte Framton. »Oder hat die Tür etwas mit der Tragödie zu tun?«

»Durch diese Tür verließ – heute genau vor drei Jahren – der Mann meiner Tante mit ihren beiden jüngeren Brüdern das Haus, um wie üblich auf die Jagd zu gehen. Sie kehrten nie wieder zurück. Als sie zu der Stelle im Moor gehen wollten, die für die Schnepfenjagd am günstigsten ist, und dabei das Moor überqueren, versanken sie im Sumpf. Vielleicht erinnern Sie sich an jenen schrecklich verregneten Sommer; und durch die große Feuchtigkeit gaben einzelne, sonst absolut sichere Stellen im Moor plötzlich unter den Füßen nach, ohne dass man es ihnen ansehen konnte. Ihre Leichen wurden nie gefunden – das war das Schrecklichste.« Bei diesen Worten verlor die Stimme des Mädchens ihre Selbstsicherheit und bebte vor Grauen.

»Meine arme Tante glaubt immer noch ganz fest, dass sie eines Tages doch zurückkommen werden – die drei Männer und der kleine braune Spaniel, der mit ihnen verschwand – und dass sie dann wie immer durch diese Tür hereinkommen. Deshalb bleibt die Tür – Abend für Abend – weit offen, bis es dunkel ist. Die arme geliebte Tante; wie oft hat sie mir dies alles schon erzählt. Ihr Mann trug einen weißen Regenmantel über dem Arm, und Ronnie, ihr jüngster Bruder, sang noch laut: *»Bertie, warum hüpfst du so?«*

Damit wollte er sie immer ärgern, weil sie einmal gesagt hatte, dass ihr dieses Lied auf die Nerven fiele. Wissen Sie: Manchmal – an ruhigen, stillen Abenden wie diesem – überkommt mich das fröstelnde Gefühl, dass die Männer eines Tages doch noch durch die Tür hereinkommen ...«

Ein Schauder schien sie bei den letzten Worten zu überlaufen. Framton war daher erleichtert, als die Tante in diesem Augenblick geräuschvoll und mit einem Schwall von Entschuldigungen für ihr spätes Erscheinen das Zimmer betrat.

»Vera hat Sie inzwischen gut unterhalten, hoffe ich«, sagte sie.

»Es war sehr interessant«, sagte Framton.

»Die offene Tür stört Sie hoffentlich nicht«, sagte Mrs Sappleton lebhaft. »Mein Mann und meine Brüder müssen nämlich jeden Augenblick von der Jagd zurückkommen – sie wollten im Moor Schnepfen schießen. Meine armen Teppiche werden wieder schön schmutzig werden. Aber so sind Männer nun einmal, oder nicht?«

Vergnügt plauderte sie über die Jagd, über die immer seltener werdenden Schnepfen und über die Aussichten für die Entenjagd im Winter. Für Framton war es einfach entsetzlich. Er machte einen verzweifelten, wenn auch nur zum Teil erfolgreichen Versuch, das Gespräch auf ein weniger gespenstisches Thema zu bringen; dabei merkte er jedoch, dass seine Gastgeberin ihm nur einen Bruchteil ihrer Aufmerksamkeit schenkte, während ihre Augen immer wieder an ihm vorüber zur Tür und zu dem dahinter liegenden Rasen wanderten. Es war wirklich ein unglücklicher Zufall, dass sein Besuch mit diesem tragischen Jahrestag zusammenfiel.

»Die Ärzte sind sich darin einig, dass ich restlose Ruhe brauche und jede seelische Aufregung oder körperliche Anstrengung vermeiden muss«, verkündete Framton. Auch er litt unter der weit verbreiteten Vorstellung, dass sich ein ihm vollkommen Fremder oder zufälliger Bekannter für die letzten Einzelheiten seiner Leiden und Beschwerden sowie ihre Ursachen und Behandlungsmöglichkeiten interessierte. »In der Frage der Ernährung sind sie allerdings nicht der gleichen Ansicht«, fuhr er fort.

»Ach!«, sagte Mrs Sappleton in einem Ton, der noch im letzten Augenblick ein Gähnen unterdrückt hatte. Plötzlich strahlte sie jedoch auf und zeigte lebhaftes Interesse – aber nicht für das, was Framton erzählte.

»Da kommen sie!«, rief sie. »Gerade rechtzeitig zum Tee; aber aussehen tun sie, als hätten sie bis zu den Ohren im Sumpf gesteckt!«

Framton überlief ein Frösteln. Mit einem Blick, der sein mitfühlendes Verständnis ausdrücken sollte, wandte er sich der Nichte zu. Aber auch das Mädchen starrte mit entsetzten Augen durch die weit offene Tür. Von namenloser Angst gepackt, drehte Framton sich in seinem Sessel um und sah ebenfalls in die gleiche Richtung.

Durch die Dämmerung kamen drei Männer über den Rasen und direkt auf die Tür zu. Jeder der drei hatte eine Flinte unter dem Arm; der eine hatte sich außerdem noch einen weißen Regenmantel umgehängt, und dicht hinter ihnen trottete ein müder brauner Spaniel. Lautlos kamen sie näher – und dann sang eine junge, raue Stimme durch die Dämmerung: »*Was ist denn, Bertie, warum hüpfst du so?*«

Blitzschnell griff Framton nach Stock und Hut; Haustür, Kiesweg und Gartentür waren kaum bemerkte Stationen seines überstürzten Rückzuges. Ein Radfahrer, der gerade die Straße entlangkam, musste sein Gefährt in die Hecke lenken, um dem drohenden Zusammenprall zu entgehen.

»Da wären wir wieder«, sagte der Mann, der den weißen Mantel umgehängt hatte, und kam durch die Tür. »Ein bisschen dreckig zwar, aber das meiste ist schon trocken. Wer ist denn da eben rausgerannt, als wir kamen?«

»Das war ein sehr merkwürdiger Mensch – ein Mr Nuttel«, sagte Mrs Sappleton. »Die ganze Zeit über sprach er nur von seiner Krankheit, und als ihr kamt, rannte er einfach aus dem Zimmer – ohne ein Wort des Abschieds oder der Entschuldigung. Man konnte fast glauben, ihm wäre plötzlich ein Gespenst erschienen.«

»Ich glaube eher, dass es der Spaniel war«, sagte das Mädchen schlicht. »Er erzählte mir nämlich, dass er vor Hunden entsetzliche Angst hätte. Irgendwo in der Nähe des Ganges ist er einmal von einem Rudel verwilderter Hunde auf einen Friedhof gejagt worden; und eine ganze Nacht lang musste er in einem frisch ausgehobenen Grab hocken, während die Bestien knurrend und zähnefletschend über ihm standen und ihr Geifer auf ihn heruntertropfte. Ich kann mir schon vorstellen, dass man dabei die Nerven verliert.«

Die junge Dame hatte das ungewöhnliche Talent, aus einer kurzen Bemerkung einen ganzen Roman zu machen.

Heinrich von Kleist

Das Bettelweib von Locarno

Am Fuße der Alpen, bei Locarno im oberen Italien, befand sich ein altes, einem Marchese gehöriges Schloss, das man jetzt, wenn man vom St. Gotthard kommt, in Schutt und Trümmern liegen sieht: Ein Schloss mit hohen und weitläufigen Zimmern, in deren einem einst, auf Stroh, das man ihr unterschüttete, eine alte, kranke Frau, die sich bettelnd vor der Tür eingefunden hatte, von der Hausfrau aus Mitleiden gebettet worden war. Der Marchese, der, bei der Rückkehr von der Jagd, zufällig in das Zimmer trat, wo er seine Büchse abzusetzen pflegte, befahl der Frau unwillig, aus dem Winkel, in welchem sie lag, aufzustehen und sich hinter den Ofen zu verfügen. Die Frau, da sie sich erhob, glitschte mit der Krücke auf dem glatten Boden aus und beschädigte sich, auf eine gefährliche Weise, das Kreuz; dergestalt, dass sie zwar noch mit unsäglicher Mühe aufstand und quer, wie es vorgeschrieben war, über das Zimmer ging, hinter dem Ofen aber, unter Stöhnen und Ächzen, niedersank und verschied.

Mehrere Jahre nachher, da der Marchese, durch Krieg und Misswachs, in bedenkliche Vermögensumstände geraten war, fand sich ein florentinischer Ritter bei ihm ein, der das Schloss, seiner schönen Lage wegen, von ihm kaufen wollte.

Der Marchese, dem viel an dem Handel gelegen war, gab seiner Frau auf, den Fremden in dem oben erwähnten leer stehenden Zimmer, das sehr schön und prächtig eingerichtet war, unterzubringen. Aber wie betreten war das Ehepaar, als der Ritter mitten in der Nacht, verstört und bleich, zu ihnen herunterkam, hoch und teuer versichernd, dass es in dem Zimmer spuke, indem etwas, das dem Blick unsichtbar gewesen, mit einem Geräusch, als ob es auf Stroh gelegen, im Zimmerwinkel aufgestanden, mit vernehmlichen Schritten, langsam und gebrechlich, quer über das Zimmer gegangen und hinter dem Ofen, unter Stöhnen und Ächzen, niedergesunken sei.

 Der Marchese, erschrocken, er wusste selbst nicht recht, warum, lachte den Ritter mit erkünstelter Heiterkeit aus und sagte, er wolle sogleich aufstehen und die Nacht zu seiner Beruhigung mit ihm in dem Zimmer zubringen. Doch der Ritter bat um die Gefälligkeit, ihm zu erlauben, dass er auf einem Lehnstuhl in seinem Schlafzimmer übernachte, und als der Morgen kam, ließ er anspannen, empfahl sich und reiste ab.

 Dieser Vorfall, der außerordentliches Aufsehen machte, schreckte auf eine dem Marchese höchst unangenehme Weise mehrere Käufer ab; dergestalt, dass, da sich unter seinem eigenen Hausgesinde, befremdend und unbegreiflich, das

Gerücht erhob, dass es in dem Zimmer zur Mitternachtsstunde umgehe, er, um es mit einem entscheidenden Verfahren niederzuschlagen, beschloss, die Sache in der nächsten Nacht selbst zu untersuchen. Demnach ließ er, beim Einbruch der Dämmerung, sein Bett in dem besagten Zimmer aufschlagen und erharrte, ohne zu schlafen, die Mitternacht. Aber wie erschüttert war er, als er in der Tat mit dem Schlage der Geisterstunde das unbegreifliche Geräusch wahrnahm; es war, als ob ein Mensch sich von Stroh, das unter ihm knisterte, erhob, quer über das Zimmer ging und hinter dem Ofen unter Geseufz und Geröchel niedersank. Die Marquise am andern Morgen, da er herunterkam, fragte ihn, wie die Untersuchung abgelaufen; und da er sich mit scheuen und ungewissen Blicken umsah und, nachdem er die Tür verriegelt, versicherte, dass es mit dem Spuk seine Richtigkeit habe: so erschrak sie, wie sie in ihrem Leben nicht getan, und bat ihn, bevor er die Sache verlauten ließe, sie noch einmal, in ihrer Gesellschaft, einer kaltblütigen Prüfung zu unterwerfen. Sie hörten aber, samt einem treuen Bedienten, den sie mitgenommen hatten, in der Tat in der nächsten Nacht dasselbe unbegreifliche, gespensterartige Geräusch; und nur der dringende Wunsch, das Schloss, es koste, was es wolle, loszuwerden, vermochte sie, das Entsetzen, das sie ergriff, in Gegenwart ihres Dieners zu unterdrücken und dem Vorfall irgendeine gleichgültige und zufällige Ursache, die sich entdecken lassen müsse, unterzuschieben. Am Abend des dritten Tages, da beide, um der Sache auf den Grund zu kommen, mit Herzklopfen wieder die Treppe zu dem Fremdenzimmer bestiegen, fand sich zufällig der Haushund, den man von der Kette losgelassen hatte, vor der Tür desselben ein; dergestalt, dass beide, ohne sich bestimmt zu erklären, vielleicht in der unwillkürlichen Absicht, außer sich selbst noch etwas Drittes, Lebendiges bei sich zu haben, den Hund mit sich in das Zimmer nahmen.

Das Ehepaar, zwei Lichter auf dem Tisch, die Marquise unausgezogen, der

Marchese Degen und Pistolen, die er aus dem Schrank genommen, neben sich, setzten sich, gegen elf Uhr, jeder auf sein Bett; und während sie sich mit Gesprächen, so gut sie vermögen, zu unterhalten suchen, legt sich der Hund, Kopf und Beine zusammengekauert, in der Mitte des Zimmers nieder und schläft ein. Drauf, in dem Augenblick der Mitternacht, lässt sich das entsetzliche Geräusch wieder hören; jemand, den kein Mensch mit Augen sehen kann, hebt sich, auf Krücken, im Zimmerwinkel empor; man hört das Stroh, das unter ihm rauscht; und mit dem ersten Schritt: tapp, tapp! erwacht der Hund, hebt sich plötzlich, die Ohren spitzend, vom Boden empor, und knurrend und bellend, grad als ob ein Mensch auf ihn eingeschritten käme, rückwärts gegen den Ofen weicht er aus. Bei diesem Anblick stürzt die Marquise mit sträubenden Haaren aus dem Zimmer; und während der Marchese, der den Degen ergriffen, »Wer da?« ruft, und da ihm niemand antwortet, gleich einem Rasenden nach allen Richtungen die Luft durchhaut, lässt sie anspannen, entschlossen, augenblicklich nach der Stadt abzufahren. Aber ehe sie noch einige Sachen zusammengepackt und aus dem Tore herausgerasselt, sieht sie schon das Schloss ringsum in Flammen aufgehen.

    Der Marchese, von Entsetzen überreizt, hatte eine Kerze genommen und dasselbe, überall mit Holz getäfelt, wie es war, an allen vier Ecken, müde seines Lebens, angesteckt. Vergebens schickte sie Leute hinein, den Unglücklichen zu retten; er war auf die elendiglichste Weise bereits umgekommen, und noch jetzt liegen, von den Landleuten zusammengetragen, seine weißen Gebeine in dem Winkel des Zimmers, von welchem er das Bettelweib von Locarno hatte aufstehen heißen.

Charles Dickens

Das Gespenst im Aktenschrank

Es mögen jetzt vierzig Jahre her sein, da mietete ein Herr eine alte, dumpfe Reihe von Zimmern in einem der ältesten Viertel Londons, die seit Jahren verschlossen und leer gestanden hatten. Man erzählte sich eine Menge Altweibergeschichten über die Wohnung; und in der Tat gehörte sie auch keineswegs zu den freundlichsten. Aber er war arm, und die Zimmer kosteten wenig – Grund genug für ihn, sie zu mieten, wenn sie auch noch zehnmal gräulicher gewesen wären. Er musste einige alte wurmstichige Hausgeräte mit in Kauf nehmen, darunter einen geräumigen versperrten Aktenschrank mit großen Glastüren und einem grünen Vorhang dahinter; ein ziemlich unnützes Ding für ihn, da er weder Dokumente noch Bücher besaß, um sie hineinzutun, und was seine Garderobe anbelangte, sie so ziemlich vollständig am Leibe trug, ohne sich sonderlich dadurch beschwert zu fühlen. Er hatte seine ganze Habe herbeischaffen lassen – es war nicht ganz ein Karren voll – und sie im Zimmer auf eine Art verteilt, dass seine vier Stühle womöglich den Eindruck von einem Dutzend machen sollten. Eines Abends saß er vor dem Fenster und trank das erste Glas von zwei Gallonen Whisky, die er einstweilen auf Kredit genommen hatte, und stellte dabei Betrachtungen an, ob er sie jemals werde bezahlen können, und wenn, nach wie viel Jahren bestenfalls – als seine Augen auf die Glastüren des Aktenschrankes fielen.

»Ja«, seufzte er, »wenn ich nicht genötigt gewesen wäre, dieses hässliche Ding da nach der Schätzung des alten Maklers anzunehmen, so hätte ich mir für das Geld etwas Ordentliches anschaffen können. Ich will dir was sagen, alter Bursche«, sagte er laut zu dem Schrank, bloß weil er sonst niemand hatte, mit dem er sprechen konnte, »wie wär's, wenn wir mit deinem morschen Gerippe vielleicht einheizen würden?«

Kaum hatte er diese Worte gesprochen, als aus dem Innern des Kastens ein Laut hervorkam, der einem schwachen Ächzen glich. Es erschreckte ihn anfangs; aber nachdem er einen Moment nachgedacht hatte, meinte er, es müsste von irgendeinem jungen Manne im anstoßenden Zimmer herrühren, der vielleicht beim Mittagessen seinen Magen überladen hatte, setzte seinen Fuß auf das Kamingitter und nahm das Schüreisen zur Hand, um die Kohlen aufzurühren. In diesem Augenblick wiederholte sich der Laut. Eine von den Glastüren öffnete sich ganz langsam, und eine blasse, abgemagerte Gestalt in einem schmutzigen, abgetragenen Anzuge wurde sichtbar, aufrecht im Schranke stehend. Sie war groß und hager, und das Gesicht drückte Gram und Betrübnis aus, aber es lag etwas in der Farbe und dem fleischlosen unirdischen Aussehen der ganzen Erscheinung, was keinem Bewohner dieser Welt angehören konnte.

»Wer sind Sie?«, fragte der neue Mietsmann, totenblass vor Entsetzen, hob das Schüreisen auf und zielte nach dem Gesicht der Gestalt. »Wer sind Sie?«

»Wirf das Eisen nicht nach mir«, erwiderte das Phantom. »Wenn du auch noch so richtig zieltest, es würde durch mich hindurch in die Wand hinter mir fahren. Ich bin ein Geist.«

»Und was wollen Sie denn hier?«, stammelte der Mietsmann.

»In diesem Zimmer«, antwortete die Erscheinung, »wurde mein irdisches Glück vernichtet und ich und meine Kinder zu Bettlern gemacht. In diesem Schranke wuchsen die Akten eines langen, langen Prozesses mit den Jahren zu hohen Stößen. In diesem Zimmer teilten, als ich vor Gram über meine fehlgeschlagenen Hoffnungen gestorben war, zwei listige Harpyien das Vermögen unter sich, um das ich während eines ganzen elenden Lebens gekämpft und gestritten hatte und von dem zuletzt nicht ein Penny für meine unglücklichen Nachkommen übrig blieb. Ich schreckte sie von diesem Platze weg und besuche nun seit jenem Tage jede Nacht – denn dies ist die einzige Zeit, in der es mir gestattet ist, auf die Erde zurückzukehren – den Schauplatz meines langen Elends. Dieses Zimmer gehört mir; überlass es mir.«

»Wenn Sie sich's durchaus in den Kopf gesetzt haben, hier umzugehen«, erwiderte der Mietsmann, der während dieser prosaischen Erzählung des Geistes Zeit gehabt hatte, sich zu sammeln, »so will ich mit dem größten Vergnügen Ihren Wünschen entsprechen. Würden Sie aber vielleicht so freundlich sein, mir eine Frage zu gestatten?«

»Sprich«, sagte die Erscheinung ernst.

»Ich beziehe meine Bemerkung nicht persönlich auf Sie«, begann der Mietsmann, »weil sie auf alle Geister, von denen ich je gehört habe, gleich anwendbar ist, aber es kommt mir wirklich etwas sonderbar vor, dass sie immer gerade auf diejenigen Plätze zurückkehren, wo sie am unglücklichsten gewesen sind, wo ihnen doch wahrscheinlich die schönsten Plätze der Erde leichter als uns zugänglich sind.«

»Wahrhaftig, du hast ganz Recht; daran habe ich noch gar nicht gedacht«, versetzte der Geist.

»Sie sehen«, fuhr der Mietsmann fort, »das ist ein sehr unwohnliches Zimmer. Dem äußeren Anschein nach zu urteilen, möchte ich fast behaupten, dieser

Schrank ist nicht ganz frei von Wanzen, und ich glaube wirklich, Sie könnten weit wohnlichere Aufenthaltsorte finden. Vom Londoner Klima gar nicht zu sprechen, das bekanntlich durchaus nicht das angenehmste ist.«

»Sie haben vollkommen Recht, Sir«, sagte das Phantom höflich. »Das ist mir bis jetzt noch nicht eingefallen, aber ich will sogleich eine Luftveränderung vornehmen«, und wirklich begann seine Gestalt, während er noch sprach, zu verschwinden, und bald waren seine Beine unsichtbar geworden.

»Und wenn Sie«, rief ihm der Mietsmann nach, »wenn Sie die Güte haben wollen, auch die übrigen Damen und Herren, die in alten leeren Häusern spuken, darauf aufmerksam zu machen, dass sie sich anderswo weit besser befinden dürften, so würden Sie der menschlichen Gesellschaft einen sehr großen Dienst erweisen.«

»Das will ich tun«, erwiderte der Geist, »wir müssen wirklich ganz dumme Tröpfe sein, dass uns das nicht schon früher eingefallen ist; ich begreife gar nicht, wie man nur so borniert sein kann.« Mit diesen Worten verschwand er. Und was noch merkwürdiger ist, er kam nicht wieder.

Enid Bagnold
Das verliebte Gespenst

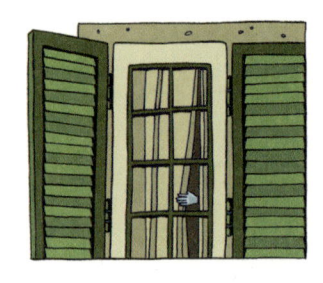

Es war an einem Sommermorgen, gegen fünf Uhr. Die Vögel, die schon um drei erwacht waren, hatten sich längst verstreut und hüpften geschäftig hin und her. Das weiße, schlichte Haus mit seinen grünen Fensterläden stand glänzend inmitten des taunassen Rasens, während sein Besitzer durch das Gras auf und nieder ging. Seine schweren Gummistiefel hinterließen dunkle Flecken auf dem schimmernden Tau. Sein Haar war ungekämmt, und unter dem Mantel trug er nur einen Schlafanzug. Bei jeder Wendung am Ende der Rasenfläche blickte er zu einem bestimmten Fenster hoch; es gehörte zum Schlafzimmer, das er mit seiner Frau teilte. Wie bei den anderen Fenstern in der langen Vorderfront des Hauses waren die grünen Fensterläden gegen die Mauer zurückgelegt, und die cremefarbenen Vorhänge fielen in schweren Falten herunter.

Der Besitzer des Hauses, der seltsamerweise in diesem Aufzug unbehaglich auf seinem Rasen hin und her ging, anstatt bequem im Bett zu liegen, rieb seine kalten Hände und setzte seine Wanderung fort. Er hatte keine Uhr an seinem Handgelenk, aber als die Uhr über dem Stall sechs schlug, betrat er das Haus und ging durch die stille Diele hinauf in das Badezimmer. Das abgestandene Wasser in der

Leitung war von der Nacht vorher noch lauwarm, als er ein Bad nahm. Wie er aus dem Badezimmer in sein Ankleidezimmer ging, hörte er das erste Hausmädchen in den darunter liegenden Wohnräumen, und um sieben Uhr läutete er nach seinem Butler, damit er ihm die Kleidungsstücke zurechtlegte.

Da sich das Gleiche schon am Tag vorher ereignet hatte, war der Butler halbwegs auf das Läuten vorbereitet; gähnend und entrüstet, aber fertig angezogen.

»Guten Morgen«, sagte Mr Templeton ziemlich unerwartet. Diesen Gruß pflegte er sonst nie zu geben, aber er wünschte die Qualität seiner Stimme zu prüfen. Da er sie ruhig und sicher fand, sprach er weiter und gab Anordnung, eine Melone aus dem Gewächshaus zu holen.

Beim Frühstück hatte er nur geringen Appetit, und als er die Melone gegessen hatte, faltete er die Zeitung auseinander. Die Tür des Esszimmers öffnete sich, und das Serviermädchen und das Hausmädchen traten ein und sprachen ihre Kündigung aus.

»Einen Monat von heute, Sir«, wiederholte das Serviermädchen, um das nachfolgende Schweigen zu überbrücken.

»Damit habe ich nichts zu tun«, sagte er mit leiser Stimme. »Eure Herrin kommt heute Abend nach Hause. Das müsst ihr schon ihr sagen.«

»Was ist nur in diese Mädchen gefahren?«, fragte Mr Templeton den Butler, der gerade hereinkam.

»Sie haben mir nichts erzählt, Sir«, log dieser, »aber ich nehme an, dass etwas sie aus der Fassung gebracht hat.«

»Weil ich es vorzog, an einem Sommermorgen früh aufzustehen?«, fragte Mr Templeton mit Anstrengung.

»Ja, Sir. Und es gibt noch andere Gründe.«

»Und die wären?«

»Das Hausmädchen«, sagte der Butler mit einer Gleichgültigkeit, als ob er über die Bewegungen einer Fliege spräche, »hat Ihr Schlafzimmer mit Kleidungsstücken übersät gefunden.«

»Mit meinen Kleidern?«, fragte Mr Templeton.

»Nein, Sir.«

Mr Templeton setzte sich. »Ein Nachthemd?«, fragte er mit schwacher Stimme, als ob er an das Verständnis des anderen appellierte.

»Ja, Sir.«

»Mehr als eins?«

»Zwei, Sir.«

»Großer Gott!«, sagte Mr Templeton und ging nervös pfeifend ans Fenster.

Der Butler räumte leise den Tisch ab und verließ das Zimmer.

»Es lässt sich nicht leugnen«, murmelte Mr Templeton. »Sie hat sich ausgezogen … hinter dem Sessel.«

Wenig später ging er durch seine beiden Felder und durch das Wäldchen. Er wollte mit Mr George Casson sprechen. Aber George war nicht zu Hause. Er war für den ganzen Tag nach London gefahren, und angesichts der Morgensonne auf der glänzenden Haustür, des adretten Hausmädchens und des nüchternen Anblicks der gefalteten »Morning Post« auf dem Dielentisch war Mr Templeton eigentlich ganz zufrieden, dass er niemandem seine unglaubwürdige Geschichte anzuvertrauen brauchte. Erfrischt und gestärkt von der Luft und dem Spaziergang, kam er nach Hause.

»Ich werde mit Hettie telefonieren«, beschloss er, »und mich vergewissern, dass sie heute Abend zurückkommt.«

Er rief also seine Frau an, erzählte ihr, dass es ihm gut ginge, dass alles in Ordnung wäre, und hörte mit Genugtuung, dass sie heute Nacht nach ihrer Abendgesellschaft mit dem Zug um elf Uhr dreißig abfahren und um zwölf Uhr fünfzehn auf der Bahnstation eintreffen würde.

»Früher geht kein Zug«, sagte sie. »Ich habe zum Bahnhof geschickt und nachsehen lassen. Wegen des Streiks fährt keiner zwischen sieben Uhr fünfzehn und halb zwölf.«

»Ich werde dir den Wagen an die Bahnstation schicken, dann kannst du um halb eins hier sein. Vielleicht liege ich schon im Bett, denn ich bin sehr müde.«

»Du bist doch nicht etwa krank?«

»Nein. Ich habe nur eine unruhige Nacht verbracht.«

Der Wind bewegte leicht die cremefarbenen Vorhänge am Fenster. Neben dem Kamin stand ein hoher, gepolsterter und mit gemustertem Rips überzogener Großvaterstuhl. Gegenüber diesem Sessel und dem Kamin stand das Doppelbett, in dem Mr Templeton in der vorigen Nacht gelegen und an seinen Schriftstücken gearbeitet hatte. Er ging zu dem Sessel hinüber, steckte die Hände in seine Taschen und blickte nachdenklich darauf nieder. Dann schritt er zu der Kommode und zog eine Schublade heraus. Rechts lagen Hetties Hemdchen und Unterkleider, säuberlich gebügelt und zusammengefaltet. Links lag ein Haufen ebenfalls zusammengelegter, aber nicht gebügelter Nachthemden von ihr. Mr Templeton bemerkte, dass die Seide stellenweise verknüllt und zerknittert war.

»Der Beweis«, sagte er, während er zum Fenster ging, »der Beweis, dass etwas in diesem Raum geschehen ist, nachdem ich ihn an diesem Morgen verlassen habe. Die Mädchen glauben, sie hätten die Nachthemden einer fremden Frau zusammengeknüllt auf dem Boden gefunden. Tatsächlich aber sind es Hetties Nachthemden. Ein Arzt würde wahrscheinlich sagen, ich hätte es selbst in einer Art Trance getan.«

»Seit zwei Nächten?«, dachte er und blickte dabei wieder auf das Bett. Es kam ihm wie eine Woche vor. In der vorletzten Nacht hatte er dort gelegen und gearbeitet, einige Kissen in den Rücken gepackt und seine Papiere um sich ausgebreitet. Als er gegen zwei Uhr morgens, vertieft in seine Arbeit, aufgeblickt und das Muster auf dem Großvaterstuhl betrachtet hatte, der mit der Lehne zu ihm gekehrt stand, wie er ihn verlassen hatte, als er ins Bett ging, sah er es: Zwei Hände baumelten lose über die Lehne, als ob deren Eigentümer unsichtbar dahinter auf dem Sitz kniete. Seine Augen wurden starr, und Furcht rieselte kalt über seinen Rücken. Bewegungslos saß er da und beobachtete die Hände.

Zehn Minuten verstrichen, da wurden die Hände plötzlich zurückgezogen, als ob der Insasse des Stuhles lautlos seine Stellung geändert hätte.

Er beobachtete weiter, seine Glieder wurden steif in den Kissen, und während die Zeit verging, bemühte er sich, die Wirkung des sonderbaren Geschehens niederzukämpfen. »Übermüdet«, sagte er. »Man hat davon gelesen. Das Gehirn spiegelt irgendetwas wider.« Sein Herz kam zur Ruhe, und vorsichtig ließ er sich im Bett etwas tiefer rutschen und versuchte zu schlafen. Er traute sich nicht, die rundherum verstreuten Papiere zusammenzunehmen, sondern lag bewegungslos bei brennender Lampe, bis die Morgendämmerung die gelben Zimmerwände erhellte. Um fünf Uhr stand er auf und flüchtete, keinen Blick von der Lehne des Großvaterstuhles wendend, ohne Morgenrock und Pantoffeln aus dem Zimmer. In der Diele fand er einen Mantel und hinter einer Truhe seine Gummistiefel, entriegelte die Vordertür und stampfte hinaus auf den feuchten Rasen.

In der zweiten Nacht (der *letzten* Nacht) hatte er gearbeitet wie vorher. So völlig hatte er sich nach einem Tag in frischer Luft überzeugt, dass sein Erlebnis in der vorhergegangenen Nacht das Resultat seiner Einbildung gewesen war, hervorgerufen von der Überanstrengung seiner Augen und seines Geistes durch seine Arbeit, dass er sich nicht einmal an sein Vorhaben erinnert hatte, den Lehnsessel mit dem Sitz zum Bett hin zu drehen. Jetzt, als er wieder im Bett saß und arbeitete, blickte er von Zeit zu Zeit auf seine gemusterte, verdeckende Lehne und wünschte verstohlen, dass er daran gedacht hätte, ihn umzudrehen.

Er hatte noch keine zwei Stunden gearbeitet, als er merkte, dass irgendetwas im Stuhl vorging.

»Wer ist da?«, rief er. Das leichte Rascheln, das er gehört hatte, verstummte einen Augenblick lang und begann dann von neuem. Eine Sekunde lang glaubte er eine Hand an der Seite hervorschießen zu sehen, und einmal hätte er schwören können, dass die Spitze eines blonden Haarschopfes über die Lehne lugte. Dann rutschte etwas in dem Stuhl hin und her, und ein Gegenstand flog heraus und landete mit einem Aufschlag außerhalb seines Gesichtskreises am Boden. Fünf Minuten verstrichen, und nach einem neuerlichen Umherrutschen erschien eine Hand über der Lehne und legte ein weißes, steifes Bündel darauf, von dem ein schmaler Streifen herabhing.

Mr Templeton hatte zwei aufregende Nächte und viele aufregende Stunden hinter sich. Als er feststellte, dass der Gegenstand ein Korsett war, von dem ein Strumpfhalter herabbaumelte, begann sein Herz unregelmäßig zu klopfen und eine Million schwarzer Flecke wie eine Wolke von Fliegen schwamm vor seinen Augen; seine Sinne verließen ihn.

Als er wieder aufwachte, war das Zimmer dunkel; die Lampe war ausgeschaltet, und er fühlte sich etwas unwohl. Während er sich im Bett umdrehte, um eine bequemere Lage für seinen Körper zu finden, kam seine Angst ihm wieder zum Bewusstsein. Er blickte in der Dunkelheit umher und sah, wie die Morgendämmerung bereits wieder die Vorhänge erhellte. Dann hörte er ein Klirren am Waschbecken, das sich einige Meter näher an seinem Bett befand als der Großvaterstuhl. Er war nicht allein: Dieses Etwas hielt sich immer noch im Zimmer auf.

Bei dem schwachen Licht von den Vorhängen her konnte er gerade feststellen, dass sein Besuch am Waschbecken hantierte. Ein leises Klingen von Porzellan und das Geräusch fließenden Wassers ertönte; verschwommen nahm er die Umrisse einer Frau wahr.

»Sie hat sich ausgezogen«, sagte er zu sich selbst, »sie wäscht sich.«

Bei dem nächsten Gedanken wurde ihm übel. War es möglich, dass dieses Weib zu ihm ins Bett kommen wollte?

Dieser Gedanke ließ ihn mit einem Satz aus dem Bett und aus dem Zimmer eilen und zum zweiten Mal seinen taubedeckten, grauen Rasen auf und ab marschieren.

»Und jetzt«, dachte Mr Templeton, als er im Licht des Nachmittags im aufgeräumten Schlafzimmer stand und umherblickte, »muss Hettie entweder an meine Untreue oder an das Übernatürliche glauben.«

Er ging zu dem Großvaterstuhl hinüber, fasste ihn und wollte ihn gerade auf den Treppenabsatz hinausschieben, als ihm etwas anderes einfiel. »Heute Nacht will ich ihn stehen lassen, wo er ist«, dachte er, »und wie gewöhnlich zu Bett gehen. In unser beider Interesse muss ich etwas mehr von dieser Sache herausbekommen.«

Den Rest des Nachmittags verbrachte er im Freien. Nach dem Tee spielte er Golf und ging dann nach einem sehr leichten Abendessen zu Bett. Sein Kopf schmerzte heftig, da er in den vorangegangenen Nächten fast keinen Schlaf gefunden hatte, aber befriedigt konnte er feststellen, dass sein Herz regelmäßig schlug. Er nahm zwei Aspirin-Tabletten, um seine Kopfschmerzen zu lindern, und legte sich mit einem leichten Roman ins Bett, um zu lesen und zu beobachten. Hettie würde um halb eins kommen, aber der Butler blieb auf, um sie hereinzulassen. Ein zugedecktes Tablett mit Sandwiches stand in einer Ecke des Schlafzimmers für sie bereit.

Es war jetzt halb elf Uhr. Eineinhalb Stunden musste er noch warten. »Sie kann jeden Augenblick kommen«, dachte er (und meinte dabei seine nächtliche Besucherin). Er hatte den Großvaterstuhl umgedreht, sodass er den Sitz sehen konnte.

Eine Viertelstunde ging vorüber, und sein Kopf schmerzte so sehr, dass er das Buch auf die Knie legte und das Licht abblendete. Er machte die helle Leselampe aus und schaltete die Beleuchtung der großen Uhr über dem Kamin ein, sodass er selbst im Schatten saß. Fünf Minuten später war er eingeschlafen. Er war tiefer gerutscht und lag mit dem Kopf in die Kissen vergraben, und der Schmerz, den er selbst im tiefen Schlaf verspürte, hämmerte immer noch in seinem Kopf. Im Unterbewusstsein hörte er seine Frau ankommen und hoffte im Stillen, dass sie ihn nicht aufwecken würde. Er hörte leises Rascheln und nahm ihre Bewegungen wahr, als sie den Raum betrat und sich auskleidete. Aber sein Kopfschmerz war so schlimm, dass er sich nicht aufraffen konnte, ein Lebenszeichen zu geben, und bald, während er sich an seinem Halbschlaf festhielt, fühlte er, wie die Bettdecke sich sanft hob, und hörte sie neben sich darunter schlüpfen.

Fröstelnd zog er die Decke fester um sich. Es war ihm, als ob ein Luftzug ihn im Bett umwehte, der die Nebel des Schlafs verscheuchte und ihn munter machte. In einer Anwandlung von Reue, weil er sie nicht begrüßt hatte, streckte er seine Hand aus und tastete unter der Decke nach der seiner Frau. Er fand ihr Handgelenk und umschloss es mit seinen Fingern. Es war kühl, seltsam, eisig, und nach ihrer Reglosigkeit und ihrem Schweigen zu urteilen, schien sie zu schlafen.

»Die Fahrt von der Bahnstation war sicher kalt«, dachte er; »sie kühlt tatsächlich das ganze Bett aus«, murmelte er dann. Während er wieder einschlief, hielt er ihr Handgelenk fest, um es zu wärmen.

Durch ein Motorengeräusch unter dem Fenster wurde er geweckt. Ein Lichtstrahl wie von Scheinwerfern wanderte über die Wand des Zimmers. Mit Verwunderung hörte er, wie die Riegel an der Vordertür zurückgeschoben wurden. Auf dem beleuchteten Zifferblatt der Uhr über dem Kamin sah er die Zeiger auf siebenundzwanzig Minuten nach zwölf stehen.

Und dann hörte Mr Templeton, der immer noch das Handgelenk neben sich umklammert hielt, die klare Stimme seiner Frau unten in der Diele.

Joan Aiken
Die Fähre

Judith hängte einen Stechpalmenzweig auf und schaute sich dann nach einer weiteren Stelle um. Sie hatte immer noch ein riesiges Bündel Zweige, aber im Haus war kein Fleck mehr frei. Sie trug den kratzenden, raschelnden Arm voll auf die Veranda und machte daraus eine Art beerenbehangenes Nest, das auf Besucher hoffentlich anheimelnd und einladend wirkte.

Als das getan war, ging sie einen Augenblick hinaus und betrachtete verzückt das Haus. Sie hatten es erst seit vierzehn Tagen, und es erschien immer noch kaum glaublich – hier zu sein neben dem weiten, schimmernden Wasser, über dem die Möwen klagend schrien, statt in einer Mietskaserne in einem staubigen, engen Vorort zu wohnen, wo Ken jeden Morgen den Zug um acht Uhr dreißig erwischen musste. Wie eine nicht sehr große Erbschaft doch das Leben verändern kann, überlegte sie; vor einem Monat erschien uns Cornwall wie ein fernes Thule, ein Traumland am Horizont, erst irgendwann nach dem sechzigsten Geburtstag erreichbar; und jetzt sind wir hier, haben schon ein Boot und ein paar Hühner, und Ken ist unterwegs und holt die Getränke für Weihnachten.

Das Haus war klein und weiß. Judith fand, dass es einer Muschel glich, die das Wasser am Strand zurückgelassen hatte; das Kaminfeuer warf einen rosa Schein auf die Innenwände und die ausgetretenen Stufen, die hinunter zum Landungssteg führten. Es war das Schifferhaus gewesen, als die Fähre in Betrieb war, und hieß immer noch Fährhaus. Dahinter erhob sich steil und nackt der Berg. Nur drei andere Häuschen waren auf dieser Seite des Flusses, und sie lagen weiter draußen an der Landspitze. Das eigentliche Dorf war am anderen Ufer. Judith konnte die ersten erleuchteten Fenster unten beim Wasser und die farbigen Lichter am Weihnachtsbaum des Pubs auf dem Kai sehen.

Es war kalt. Judith fröstelte und sagte sich, dass sie hineingehen und sich für die Cocktailparty der Martins umziehen sollte. Aber aus irgendeinem Grund widerstrebte es ihr, ins Haus zu gehen, und noch stärker war ihr Bedürfnis, hier auf dem Landungssteg zu bleiben. Sie hätte sich gern hingesetzt und die Beine über die Seite baumeln lassen, als wenn es ein Augustnachmittag gewesen wäre und nicht die Dämmerung des Heiligabends. Sie wusste jetzt, dass sie die Veranda nur geschmückt hatte, um aus dem Haus zu kommen.

»Aber warum?«, fragte sie leicht gereizt diese andere Judith, die sie so stumm und eindringlich drängte, auf dem Landungssteg zu bleiben. »Du musst dich einfach daran gewöhnen, allein zu sein, du Stadtpflanze. Es wird häufig vorkommen, dass Ken weg ist, und du kannst nicht jedes Mal halb durchdrehen, wenn du allein im Haus bist. Es ist ein hübsches kleines Haus, ein liebes kleines Haus, und es ist überhaupt nichts Unheimliches daran.«

Sie stand da mit dem weiten Wasser und den Lichtern hinter sich und starrte auf das schwarze Rechteck der offenen Tür, als wäre es der Eingang zu einem Rattenloch.

Entschlossen gab sie sich einen Ruck und ging hinein. Schließlich würde Ken jede Minute mit den Getränken zurückkommen – sie horchte nach dem Tuckern des Motorboots –, und bald würden sie zur Party der Martins aufbrechen. Alles war in Ordnung, alles war gut – warum stand sie dann so verstört in einer Ecke der Küche, rang die Hände und biss sich auf die Lippen? Ärgerlich schüttelte sie den Kopf und lief die Treppe hinauf, nahm ihr tomatenrotes wollenes Lieblingskleid aus dem Schrank und zog es über den Kopf. Dann stand sie wieder wie angewachsen mit der Haarbürste in der Hand am Fenster und spähte auf die Treppe des Landungsstegs hinaus. Das Telefon läutete, als sie zurück ins Zimmer ging.

»Darling?« Es war Ken. »Hör mal, es ist etwas Dummes passiert. Der Motor hat den Geist aufgegeben, als ich zurückfahren wollte. Der alte Weaver glaubt, er kann ihn in etwa einer Stunde reparieren, zeitig genug für die Rückfahrt von den Martins, aber das bedeutet, dass ich dich nicht holen kann. Kannst du mit den Jones herüberkommen?«

»Ich glaube, sie sind früh gefahren, weil sie noch einkaufen wollten. Ich weiß nicht genau – ich sehe mal nach.«

»Gut, ruf mich zurück, wenn sie nicht da sind, dann kümmere ich mich darum, dass jemand von hier dich holt. Ich bin im Pub.«

»Schön, ich brauche nur fünf Minuten.«

Erleichtert und entschlossen legte sie auf und ging über den Strandweg zum Haus der Jones.

»Gefällt es Ihnen im Fährhaus?«, fragte Mr Hocking, der Wirt. Bevor er das Pub öffnete, hängte er noch rote und grüne Papierkugeln über der Bar auf.

»O ja, sehr«, antwortete Ken. »Wir sind sehr glücklich dort. Wissen Sie, ob das Haus eine Geschichte hat? Wurde hier viel geschmuggelt?«

»Nein, ich habe nur eine Geschichte über das Fährhaus gehört«, sagte Mr Hocking bedächtig, »und Schmuggel kommt darin nicht vor. Es geschah vor vielen Jahren – zur Zeit der Hexenverfolgung. Damals betrieb eine alte Frau die Fähre, Mrs Poysey, und im Dorf glaubte man allgemein, dass sie eine Hexe sei.

Nun, das war den Leuten ziemlich egal – leben und leben lassen ist hierzulande unser Motto schon immer gewesen –, doch der Gutsherr bekam Wind davon, und er sagte, wenn sie eine Hexe wäre, müsste sie die Wasserprobe machen. Sie wissen schon – wenn die Frau an der Oberfläche blieb, bedeutete das angeblich, dass sie eine Hexe war, und wenn sie unterging, dann war sie keine – aber sie ertrank.«

»Es ist hier Sitte – oder war es, als es die Fähre noch gab«, fuhr Mr Hocking fort, »dass der Fährmann am Heiligabend jeden umsonst übersetzt. Im Gedenken an St. Cradock, wer immer das war. Natürlich gaben die Leute ihm stattdessen ein Geschenk, es lief also aufs Gleiche hinaus.«

»Nun, an einem Heiligabend kam der Gutsherr mit vier oder fünf Männern zur Fähre herunter und bat, übergesetzt zu werden. Sie hatten alle getrunken und trugen Bündel unter den Armen, die, so sagten sie, Geschenke für Mutter Poysey waren. Sie machte das Boot los und wollte sie hinüberbringen, aber auf halber Strecke holten die Männer Seile mit Bleigewichten aus ihren Bündeln, fesselten Mutter Poysey und warfen sie über Bord. Ihre Leiche fand man nie. Seltsamerweise wurde am nächsten Heiligabend der Gutsherr vermisst, und seine Leiche wurde später auf die weißen Felsen an der Landspitze geschwemmt. Seither erzählt man sich, dass Mutter Poysey in ihrem Boot am Heiligabend erscheint und den Leuten anbietet, sie umsonst hinüberzufahren, doch wenn sie annehmen, werden sie nie mehr gesehen.«

»Natürlich«, sagte Mr Hocking, »ist das alles nichts als ein Haufen Unsinn – ich habe nie von jemand gehört, der wirklich behauptete, er hätte sie gesehen. Ein Mann ist tatsächlich vergangene Weihnachten ertrunken und wurde auf die weißen Felsen geschwemmt, aber dorthin trägt die Ebbe alles, was heruntertreibt. Es war ein Fremder. Leute erzählten später, er hätte jemand gesucht, der ihn hinüberbringt.«

»Tolle Geschichte«, sagte Ken.

Das Telefon läutete.

»Für Sie«, sagte Mr Hocking.

»Hallo, Liebling, bist du das?«, fragte Judith. »Hör zu, ein glücklicher Zufall – Mrs Jones war wirklich schon weg, aber auf dem Rückweg habe ich eine komische alte Frau mit einem Boot getroffen, die zum Dorf hinüberfährt, und sie nimmt mich mit. Natürlich habe ich ihr eine Bezahlung angeboten, aber sie hat gesagt, es wäre umsonst, weil Weihnachten ist. Ich bin also in zehn Minuten drüben, okay?«

»He – warte, *Judith* ...«, rief Ken verzweifelt, aber sie hatte schon aufgelegt. »Vermittlung, verbinden Sie mich noch mal mit Polhale drei-zwanzig, bitte.«

»Tut mir leid, der Teilnehmer antwortet nicht«, hieß es nach einem Augenblick.

Ken lief hinaus auf den Kai, stellte sich neben den erleuchteten Weihnachtsbaum und schaute übers Wasser. Es war jetzt ganz dunkel, und die Flut kam rasch und trug Nebel herein. Er konnte die Lichter am anderen Ufer nicht sehen. Der Nebel brachte auch Kälte – Ken fröstelte, während er angestrengt nach dem Knarren und Klatschen eines Boots oder Stimmen vom Fluss lauschte. Aber er hörte keinen Laut.

Als Judith aufgelegt hatte, lief sie wieder hinaus.

»Ich will Sie nicht lange aufhalten – ich muss mir nur noch die Nase pudern«, sagte sie zu der Alten. »Du meine Güte, Sie sehen ganz durchfroren aus. Wollen Sie nicht hereinkommen und eine Tasse Tee trinken, solange Sie warten? Ich habe gerade welchen gemacht.«

Die sonderbare Alte schien unkontrollierbar zu zittern. Judith griff nach ihrer Hand – herrje, sie war eiskalt – und zog sie ins Haus.

»Setzen Sie sich doch ans Kaminfeuer, da ist es schön warm – ich habe mir gerade gewünscht, dass jemand da wäre und es mit mir genießen würde. Nehmen Sie Zucker?«

»Ich danke Ihnen, Ma'am.« Die Alte saß steif und aufrecht in ihren abgetragenen schwarzen Kleidern da. »Ich habe früher in diesem Haus gewohnt.« Aber sie schaute sich kaum um, sondern ließ Judith nicht aus den Augen.

»Wirklich?« Judith puderte sich die Nase am Spiegel über der Spüle. »Es ist ein schönes Haus. Bestimmt waren Sie traurig, als Sie es verlassen haben.«

»Ja, ich war traurig, als ich es verlassen habe.«

»Versuchen Sie doch eine von meinen Pasteten – sie sind dieses Jahr recht gut. Oh, Sie haben noch gar nichts von Ihrem Tee getrunken. Trinken Sie, solange er heiß ist, er wird Sie wärmen.« In ihrer Erleichterung, endlich Gesellschaft zu haben, wurde sie redselig. Sie lief hinaus, um ihren Mantel zu holen.

Zehn Minuten später sprang Ken aus einem geliehenen Boot und sah, dass seine Haustür sperrangelweit offen stand, das Licht warf ein helles Rechteck auf die Treppe. Im Haus war es still.

»Judith!«, rief er.

Stechpalmenzweige verfingen sich an seinem Ärmel, als er über die Veranda rannte. Judith lag in einem Sessel vor dem Kamin in der Küche. Sie richtete sich benommen auf und rieb sich die Augen.

»Ken! Du meine Güte, wie sonderbar – ich muss eingeschlafen sein. Wo ist Mrs Poysey?«

»*Wer?*«

»Die Alte, die mich hinüberfahren wollte. Wahrscheinlich hat es ihr zu lange gedauert, und sie ist los. Sie war ziemlich merkwürdig – ein bisschen verrückt, glaube ich. Sie hat gesagt: ›Du hast ein tapferes Herz, meine Liebe. Es gibt nicht viele, die Mutter Poysey zu einem Bissen einladen‹, und etwas darüber, dass ihr Haus endlich in guten Händen ist. Ich nehme an, sie ist flussaufwärts gezogen, als sie hier wegging. Was schaust du denn so, Ken?«

Er starrte den anderen Sessel an. Darüber und rund um die unberührte Teetasse und die Pastete lag ein Gewirr nasser Seile, an denen viele kleine Bleigewichte befestigt waren.

»Was um alles in der Welt ...«, rief Judith.

»Damit hat man sie ertränkt«, sagte er. »Hoffentlich ist sie jetzt davon befreit.«

Rudyard Kipling

Das Stigma des Tieres

»Eure Götter, oder meine Götter –
wissen wir, welche von beiden die mächtigeren sind?«
   Indisches Sprichwort

Östlich von Suez scheint die Vorsehung irgendwie zu versagen; die Menschen werden dort der Macht der Götter und Teufel Asiens überlassen; wenigstens tritt jene Vorsehung, die die englische Kirche lehrt, nur gelegentlich und auch dann nur sehr lahm in Tätigkeit, soweit es Europäer betrifft.

Diese Theorie könnte so manches überflüssig grauenhafte Geschehnis im Leben Indiens erklären. Ich erwähne das, weil es auf meine Geschichte hier einigen Bezug hat.

Mein Freund Strickland vom Polizeidepartment, der die Eingeborenen Indiens so gut kennt wie selten einer, kann die Tatsache bezeugen; Dumoise war ebenfalls Augenzeuge, so wie Strickland und ich. Nur der Schluss, den er daraus zog, war gänzlich unrichtig. – Er ist jetzt tot. Starb auf sehr seltsame Weise. Ich werde an anderer Stelle darüber berichten. –

Als Fleete nach Indien kam, nannte er ein kleines Vermögen nebst Landbesitz in Dharmsala im Himalajagebiet sein Eigen: Er hatte es von seinem Onkel geerbt und gedachte es zu verwalten.

Er war ein großer, schwerfälliger, dabei heiterer und friedfertiger Mann; seine Kenntnis der Eingeborenen war natürlich nur sehr oberflächlich, und er klagte oft darüber, dass er ihre Sprache nur mit Mühe und sehr unvollkommen verstehen könne.

Eines Tages kam er von seiner Besitzung in den Vorbergen angeritten, um Neujahr in der Station zu feiern, und lud sich bei Strickland zu Gast.

Am Silvesterabend fand ein großes Festessen im Klub statt, und die Nacht verlief entsprechend feuchtfröhlich. – Wenn Leute aus den äußersten Grenzen des indischen Kaiserreichs zusammenkommen, haben sie ein gewisses Recht, ein wenig über die Schnur hauen zu dürfen!

Das Himalaja-Grenzgebiet hatte zu diesem Feste ein Kontingent von mehr oder weniger Hol-mich-der-Teufel-Existenzen entsandt; lauter Leute, die im Jahr keine zwanzig weiße Gesichter zu sehen bekamen und gewohnt waren, fünfzehn Meilen weit zum Essen zu reiten, dabei in beständiger Gefahr, statt Speise und Trank eine Khyber-Pass-Kugel kredenzt zu bekommen. – Sie benützen ihre augenblickliche Sicherheit dazu, mit einem zusammengerollten

Igel, den sie im Garten aufgestöbert hatten, Billard zu spielen, wobei einer von ihnen die Schreibtafel zwischen den Zähnen im Zimmer herumtrug. – Ein halbes Dutzend Pflanzer aus dem Süden ergötzte sich damit, einen als größten Lügner Asiens bekannten Gentleman durch Erzählen grobdrähtiger Geschichten zu übertrumpfen, wurden aber alsbald von ihm aus dem Sattel gehoben. Kurz: Die Gesellschaft war so bunt wie nur möglich zusammengewürfelt, und es gab keinen Unterschied des Ranges oder Standes. – Man stellte fest, wer im verflossenen Jahr hinweggerafft oder sonst wie trinkunfähig geworden war – mit einem Wort: Die Nacht verlief in Lust und Feuchtigkeit. Ich erinnere mich noch, dass wir »Auld Lang Syne« sangen, die Füße in den Polo-Meisterschaftspokalen und unsere Köpfe in den Sternen, und uns unverbrüchliche Treue schworen. – Im Laufe der späteren Zeit gingen einige von uns hin und eroberten Birma, andere bemühten sich, den Sudan zu erschließen, fielen aber in jenem grauenvollen Gemetzel vor Suakim; andern gelang es, Orden und Medaillen zu ergattern, andere wieder heirateten, was an sich schon schlimm genug ist, und noch andere taten etwas, was womöglich noch schlimmer war. Der Rest von uns blieb an seine alten Ketten geschmiedet und mühte sich ab, aufgrund unzulänglicher Erfahrungen Geld zu machen.

Fleete eröffnete die Nacht mit Sherry und Magenbittern, trank dann rastlos bis zum Dessert Champagner, kratzenden Capri dazu, stark wie Whisky, nahm Benediktiner zum Kaffee, vier oder fünf Whisky mit Soda, um die Billardbälle besser sehen zu können, vertilgte um halb drei Uhr mehrere Biere mit »Feuerwasser« und setzte einen alten Brandy drauf. – Kein Wunder also, dass er um halb vier Uhr morgens, bei vierzehn Grad Kälte ins Freie tretend, vor Wut außer sich geriet, weil sein Pferd hustete, während er sich bemühte, mit Grätschsprüngen in den Sattel zu gelangen. – Da es der Gaul vorzog durchzugehen, um den Stall wieder aufzusuchen, so mussten Strickland und ich eine Unehrengarde bilden und Fleete nach Hause geleiten.

Unser Weg führte durch den Bazar, dicht an einem kleinen Tempel Hanumans, des Affenkönigs, vorüber, der eine Gottheit ersten Ranges ist und sich größter Ehrfurcht erfreut, denn alle Götter haben, wie die Priester, stets hervorragende Eigenschaften. Was mich betrifft, so zolle ich Hanuman jegliche Hochachtung, – auch bin ich seinem Volke, den großen, grauen Affen der Berge, überaus wohlgesinnt. Kann man doch nie wissen, ob man nicht einmal einen Freund nötig hat!

Im Tempel schien Licht, und als wir vorübergingen, hörten wir Männerstimmen drin Hymnen singen: In einem Hindutempel stehen jede Stunde der Nacht die Priester auf und ehren ihre Götter.

Bevor wir Fleete zurückhalten konnten, war er die Tempelstufen hinaufgelaufen, klopfte zwei Priestern auf die Rücken und malte mit der Asche seines Zigarrenstummels auf die Stirn des roten Steinbildes Hanumans ein paar Striche. Strickland versuchte, ihn wegzuziehen, aber er setzte sich nieder und sagte feierlich: »D-d-da! Das Z-z-zeichen des Viehs! Ich ha-huck-hab's gemacht. Fein, was?«

Kaum eine Minute verging, da wurde es im Tempel lebendig. Lärm und Getöse entstand, und Strickland, der genau wusste, was derlei Götterschändungen für Folgen haben konnten, meinte, es sei Gefahr im Verzug. Durch seine Stellung als Polizeibeamter, seinen langen Aufenthalt in der Gegend und seine Vorliebe, sich unter die Eingeborenen zu mischen, war er den Priestern wohlbekannt, was ihm jetzt überaus peinlich wurde. – Fleete saß auf der Erde, weigerte sich aufzustehen und brummte: »Der gute alte Hanuman – huck – ist ein vortreffliches Ruhekissen!«

Da plötzlich – lautlos – stürzte aus seinem Schlupfwinkel hinter der Bildsäule des Gottes ein silberner Mensch hervor.

Er war vollkommen nackt, trotz der bitteren, grimmigen Kälte. Sein Körper schimmerte wie reifbedecktes Silber, denn er war, wie es in der Bibel steht: »ein Aussätziger, weiß wie Schnee. Er hatte kein Gesicht mehr, war seit vielen Jahren aussätzig, und das Übel lastete schwer auf ihm.«

Wir bückten uns beide schnell, um Fleete wegzureißen, während der Tempel sich zusehends mit Menschen füllte, die wie aus dem Boden zu wachsen schienen, aber schon war der Silberne mit einem Ton, der dem Miauen einer Otter glich, unter unsern Händen durchgeschlüpft, hatte mit beiden Armen Fleete umfasst und, ehe wir ihn fortstoßen konnten, seinen Kopf auf Fleetes Brust gepresst. – Dann zog er sich in einen Winkel zurück und saß miauend da, derweile die Menge die Türen verrammelte.

Die Priester schäumten vor Wut; erst als sie sahen, dass der Silberne Fleete berührt und sich an ihm gewetzt hatte, beruhigten sie sich.

Nach einigen Minuten tiefsten Schweigens trat einer der Priester an Strickland heran und sagte in tadellosem Englisch: »Führen Sie Ihren Freund weg. Er ist mit Hanuman fertig, aber Hanuman nicht mit ihm.« – Die Menge gab Raum, und wir brachten Fleete auf die Straße.

Strickland war wütend. Er sagte, wir hätten alle drei leicht erstochen werden können, und Fleete solle sich bei seinem guten Stern bedanken, dass er mit heiler Haut davongekommen sei.

Fleete fiel es natürlich gar nicht ein, sich zu bedanken. Nicht einmal bei uns. – Er sagte, er wolle zu Bett gehen. – Er war sinnlos betrunken.

Wir schritten unseres Weges, Strickland ärgerlich und schweigsam. Dann wurde Fleete mit einem Mal von Schüttelfrost und einem Schweißausbruch befallen. Er schimpfte, dass die Gerüche aus den Bazars nicht auszuhalten seien, und er wunderte sich, dass man die Schlachthäuser so nahe den englischen Wohnungen dulde. – »Riecht ihr denn das Blut nicht?«, fragte er immer wieder und wieder.

Endlich – die Dämmerung graute bereits – hatten wir ihn zu Bett gebracht. Strickland forderte mich auf, noch einen Whisky mit Soda mit ihm zu trinken; dabei kam er wieder auf den Skandal im Tempel zu sprechen und gab zu, dass ihn die Angelegenheit ganz aus der Fassung gebracht hätte. Es sei ihm im höchsten Grade widerwärtig, von Eingeborenen mystifiziert zu werden – umso mehr, als es doch seine Aufgabe sein müsse, sie mit ihren eigenen Waffen zu schlagen. – Bis jetzt sei ihm das zwar nicht gelungen, aber in fünfzehn oder zwanzig Jahren hoffe er weiter zu sein.

»Hätten sie uns lieber verprügelt, statt uns anzumiauen!«, sagte er. »Ich möchte gern wissen, was das hat bedeuten sollen! Die Sache will mir nicht recht gefallen.«

Ich gab der Meinung Ausdruck, die Priesterschaft werde wahrscheinlich Anklage erheben wegen Religionsstörung, denn es gäbe sicherlich eine Menge Paragrafen, die auf Fleetes Vergehen passten. – Strickland meinte, wenn es damit sein Bewenden fände, wolle er von Herzen froh sein.

Bevor ich ging, warf ich noch einen Blick in Fleetes Zimmer; er lag auf der rechten Seite und kratzte sich unaufhörlich an der linken Brust.

Dann ging ich zu Bett, fröstelnd, bedrückt und verstimmt, um sieben Uhr morgens.

Um ein Uhr ritt ich hinüber nach Stricklands Haus, um mich nach Fleetes Befinden zu erkundigen. – Dass er Kopfschmerzen haben würde, nahm ich als selbstverständlich an. – Es saß beim Frühstück und schien unwohl, war verdrossen und schimpfte auf den Koch, weil sein Kotelett nicht roh genug sei! – Ein Mensch, der nach einer durchschlemmten Nacht Appetit hat auf rohes

Fleisch, ist ein Kuriosum. – Ich sagte das Fleete. – Er lachte nur.

»Eine sonderbare Art Moskitos züchtet ihr hierzulande«, sagte er nach einer Weile. »Ganze Stücke haben sie mir herausgebissen! Zum Glück nur an einer Stelle.«

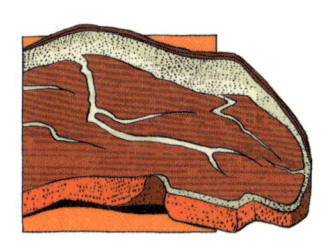

»Lass mal sehen!«, meinte Strickland. »Das Jucken wird wohl schon nachgelassen haben?«

Während die Koteletts zugerichtet wurden, öffnete Fleete sein Hemd und zeigte uns gerade über seiner linken Brust eine Verfärbung, die der schwarzen Rosette glich – den fünf oder sechs im Kreise stehenden unregelmäßigen Flecken, wie sie der Leopard auf dem Fell trägt. – Strickland betrachtete die Stelle und sagte: »Merkwürdig! Heute Morgen war es noch rosa; jetzt ist es schwarz geworden!«

Fleete stürzte zum Spiegel. Warf einen Blick hinein. Schrie: »Zum Teufel, das ist ja scheußlich! – Was mag das nur sein?!«

Wir wussten keine Erklärung.

Die Koteletts wurden gebracht; Fleete verschlang drei davon auf höchst sonderbare und widerwärtige Art: Er kaute nur mit den linken Backenzähnen und drehte den Kopf jedes Mal über die rechte Schulter, wenn er einen Fetzen Fleisch abgerissen hatte. – Als er damit fertig war, schien er sich bewusst zu werden, dass er sich sonderbar benommen habe, denn er sagte, wie um sich zu entschuldigen: »In meinem ganzen Leben bin ich noch nie so hungrig gewesen. Ich hab gefressen wie ein Strauß!«

Nach dem Frühstück flüsterte mir Strickland zu: »Bleib hier! Geh nicht fort! Bleib hier über Nacht!«

Da ich keine drei Meilen weit von Stricklands Haus entfernt wohnte, erschien mir dies Ansinnen recht sonderbar, aber er bestand darauf und wollte eben etwas hinzufügen, da unterbrach ihn Fleete und gestand – wie verschämt –, dass er schon wieder hungrig sei.

Strickland schickte sodann einen Boten in meine Wohnung, um mein Bettzeug und ein Pferd zu holen, während wir in die Ställe hinuntergehen wollten, um uns die Zeit zu vertreiben, bis der Moment zum Ausreiten gekommen sein würde. – Wer Pferdeliebhaber ist, wird stets Ställe gern besichtigen; bietet sich doch dort immer Gelegenheit, Erfahrungen und – Reiterlatein auszutauschen.

In den Ställen standen fünf Pferde. – Nie werde ich die Szene vergessen, die sich abspielte, kaum dass wir eingetreten waren! – Die Tiere schienen plötzlich toll geworden zu sein! Sie bäumten sich, schrien förmlich vor Entsetzen und rissen beinahe ihre Pflöcke heraus. Sie schwitzten und zitterten, schäumten und gebärdeten sich wie rasend vor Furcht. Da es Stricklands Pferde waren, die ihren Herrn liebten wie die Hunde, erschien das besonders befremdend.

Wir verließen auf der Stelle den Stall, denn wir mussten fürchten, dass sich die Tiere an ihren Halftern erwürgen könnten. – Doch gleich darauf kehrte Strickland wieder um und raunte mir zu, ich solle ihm allein und unauffällig folgen.

Die Pferde zitterten noch immer, ließen sich aber von uns streicheln und liebkosen und legten uns die Köpfe an die Brust.

»Vor uns fürchten sie sich also nicht!«, sagte Strickland. »Weißt du, dass ich gern drei Monate Gehalt dafür geben würde, wenn der alte Outrage hier nur eine Minute lang reden könnte!«

Aber Outrage war leider stumm und konnte nur seinen Herrn liebkosen und mit den Nüstern schnauben, wie das die Pferde tun, wenn sie etwas erklären wollen und nicht können.

In diesem Augenblick kam Fleete wieder in den Stall; kaum wurden die Tiere seiner ansichtig, brach ihr Entsetzen von neuem los, und wir mussten schleunigst hinauseilen, um nicht Hufschläge abzukriegen.

»Sie scheinen dich nicht besonders zu lieben!«, sagte Strickland zu Fleete, als wir in Sicherheit waren.

»Dummes Zeug!«, erwiderte Fleete. »Vielleicht deine Pferde! Meine Stute folgt mir wie ein Hund.« – Wir gingen zu ihr. Sie befand sich in einem Extrastand, der ihr freie Bewegung ließ. Fleete schob den Riegel zurück: Im nächsten Augenblick schlug sie aus, überrannte ihn, warf ihn zu Boden und raste in den Garten hinaus. Ich lachte aus vollem Halse, aber Strickland blieb todernst – fasste seinen Schnurrbart mit beiden Händen und zog daran, als wollte er ihn sich ausreißen. Statt Anstalten zu treffen, sein Pferd wieder einzufangen, gähnte Fleete nur zu meinem Erstaunen, sagte, er sei plötzlich sehr schläfrig, ging ins Haus und legte sich nieder! – Eine sonderbare Art, den Neujahrstag zu verbringen! –

Wir gingen ohne ihn wieder in den Stall, und Strickland fragte mich, ob mir an Fleetes Benehmen nicht etwas besonders aufgefallen sei. Ich gab zu, dass er allerdings sein Essen wie ein Tier verschlungen hätte, aber das könne vielleicht eine Folge davon sein, dass er einsam in den Bergen lebe und fern von einem so kultivierten Umgang wie der unsrige.

Strickland lächelte nicht einmal; er hatte mir wahrscheinlich gar nicht zugehört, denn seine nächsten Worte bezogen sich auf das Merkmal an Fleetes Brust. Ich äußerte die Ansicht, es könne möglicherweise von spanischen Fliegen herrühren oder sei vielleicht ein plötzlich sichtbar gewordenes Muttermal. Dass es scheußlich aussähe, darüber waren wir uns beide einig, und Strickland fügte hinzu, ich sei ein Narr.

»Ich kann dir jetzt noch nicht sagen, was ich denke«, fuhr er fort, »denn du würdest mich für verrückt halten; aber du musst die nächsten paar Tage bei mir bleiben, wenn du irgend kannst! Bitte, beobachte Fleete, aber sprich nicht mit mir darüber, was du dir denkst, denn ich möchte mir meine eigene Meinung bilden.«

»Aber heute Abend esse ich außerhalb!«, behielt ich mir vor.

»Ich auch!«, sagte Strickland. »Und Fleete hat dieselbe Absicht, vorausgesetzt, dass er sie inzwischen nicht geändert hat.«

Dann schlenderten wir ein bisschen im Garten umher und rauchten – stumm –, denn wir waren Freunde, und Reden schmälert den Tabakgenuss –, bis in unsern Pfeifen nur mehr Asche war. – Hierauf beschlossen wir, Fleete zu wecken.

Aber er war bereits wach. Lief unruhig in seinem Zimmer auf und ab. »Es geht nicht so!«, sagte er, als er uns eintreten sah. »Ich muss noch Koteletts haben! Kann ich welche kriegen?«

Wir lachten. »Zieh dich lieber um, Fleete! Die Ponys werden gleich da sein.«

»Schön«, sagte er. »Ich werde mich umkleiden, aber vorher muss ich noch Koteletts haben. Aber: halb roh, verstanden?!«

Er schien es im Ernst zu meinen, trotzdem es erst vier Uhr war und wir um ein Uhr reichlich gefrühstückt hatten. Immer wieder und wieder verlangte er rohe Koteletts. Dann erst zog er seinen Reitanzug an und kam auf die Veranda.

Aber auch das Pony wollte ihn nicht nahe kommen lassen. – (Die Stute war noch immer nicht eingefangen.) – Alle drei Tiere waren nicht zu bändigen und außer sich vor Furcht.

Als alle Mittel vergeblich geblieben waren, die Ponys zu beruhigen, sagte Fleete schließlich, es sei das Beste, er bliebe zu Hause und – lasse sich wieder etwas zu essen geben.

Strickland und ich ritten erstaunt fort. Als wir an dem Hanumantempel vorbeikamen, tauchte der Silberne auf und miaute uns an.

»Er ist kein regulärer Priester des Heiligtums«, sagte Strickland. »Ich hätte große Lust, ihn verhaften zu lassen!« –

Es war kein rechter Schwung in unserm Galopp an jenem Abend: Die Pferde griffen nicht ordentlich aus und schienen ermattet, als seien sie abgetrieben.

»Der Schreck hat sie sehr hergenommen!«, erklärte Strickland. – Es war die einzige Bemerkung, die er während des Rittes fallen ließ. Nur ein- oder zweimal hatte ich ihn fluchen hören, aber das war nichts Seltenes bei ihm.

Es war bereits dunkel und etwa sieben Uhr, als wir wieder zu Hause anlangten. Zu unserm Erstaunen brannte nicht ein Licht in dem Bungalow. »Nachlässige Bande, diese Dienerschaft!«, schimpfte Strickland. – Da scheute mein Pferd vor etwas Schwarzem auf dem Weg, und gleich darauf tauchte Fleete dicht unter der Nase des Tieres auf.

»Was kriechst du denn da im Garten herum?«, fragte Strickland. – Beide Pferde machten Miene auszubrechen und warfen uns beinahe ab; wir stiegen vor dem

Stall aus den Sätteln und kehrten zu Fleete zurück, der zwischen den Orangenbüschen auf Händen und Knien umherkroch.

»Was, zum Teufel, ist denn los mit dir?«, rief Strickland.

»Nichts, gar nichts!«, antwortete Fleete hastig, aber mit seltsam schwerer Zunge. »Ich – ich habe im Garten – gearbeitet, – botanisiert und so. Der – der Geruch der Erde ist entzückend. Ich möchte einen Spaziergang machen – einen langen Spaziergang, die ganze Nacht hindurch.«

Ich begriff sofort, dass hier etwas über alle Maßen Ungewöhnliches vor sich ging, und sagte zu Strickland: »Ich werde doch lieber nicht auswärts speisen!«

»Danke dir!«, erwiderte Strickland kurz. »Heda, Fleete! Steh auf, du holst dir das Fieber. Komm hinein zum Essen. Wir wollen Licht machen lassen; wir essen heute zu Hause.«

Fleete stand unwillig auf und knurrte: »Keine Lampen! Keine Lampen! Es ist viel schöner hier draußen. Essen wir doch hier! Mehr Koteletts – haufenweise, und – blutig und zäh!«

Ein Dezemberabend im Norden Indiens ist schneidend kalt, und der Vorschlag Fleetes war der eines Wahnsinnigen.

»Komm herein!«, befahl Strickland in strengem Ton. »Komm augenblicklich herein!« Fleete gehorchte.

Als die Lampen gebracht wurden, sahen wir, dass er buchstäblich von Kopf bis Fuß mit Schmutz bedeckt war; er musste sich im Garten herumgewälzt haben. – Er schrak vor dem Licht zurück und ging in sein Zimmer. Seine Augen waren schrecklich anzusehen; es glomm ein grünes Licht – nicht in ihnen, nein: hinter ihnen – ich kann es nicht anders schildern! –, und die Unterlippe hing ihm herunter.

»Es wird etwas Tolles geben – etwas ganz Tolles – heute Nacht«, sagte Strickland. »Behalte dein Reitzeug an!«

Wir warteten und warteten auf Fleetes Rückkunft und bestellten unterdessen die Speisen. – Er rumorte in seinem Zimmer, aber Licht hatte er nicht angezündet.

Plötzlich erscholl aus seiner Stube das lang gezogene Geheul eines Wolfes!

Man spricht und schreibt oft leichthin von erstarrendem Blut und von gesträubtem Haar. Aber wenn es wirklich geschieht, vergeht einem die Lust, Scherz damit zu treiben! – Mir stand das Herz still, als wäre es mit einem Messer durchstochen, und Strickland war weiß geworden wie das Tischtuch.

Das Geheul wiederholte sich und wurde von einem andern Geheul, weit über die Felder her, beantwortet. – Das setzte dem Grauen die Krone auf.

Strickland stürzte in Fleetes Zimmer. Ich folgte, und wir sahen, dass Fleete aus dem Fenster kletterte. Tierische Laute kamen tief aus seiner Kehle. Er konnte nicht antworten, als wir ihn anschrien. – Er geiferte.

Ich kann mich nicht mehr erinnern, was dann folgte, aber ich glaube, Strickland muss ihn durch einen Hieb mit dem Stiefelknecht betäubt haben, sonst hätte ich nicht plötzlich auf seiner Brust knien können. – Fleete konnte nicht mehr sprechen; er knurrte nur. Aber es war nicht das Knurren eines Menschen – es war das Knurren eines Wolfes! – Der menschliche Geist in ihm musste im Lauf des Tages immer mehr und mehr geschwunden und im Zwielicht erloschen sein; wir hatten jetzt mit einem Tier zu tun, das – einst Fleete gewesen war.

Das Erlebnis stand jenseits aller menschlichen und vernunftgemäßen Erfahrung. Ich wollte etwas sagen über Hydrophobie – Tollwut –, brachte aber das Wort nicht über die Lippen – empfand es als Lüge, noch ehe ich es aussprechen konnte!

Wir fesselten das »Tier« mit ledernen Punkahriemen, banden ihm Daumen und große Zehe zusammen, knebelten es mit einem Schuhlöffel! – Es ist das ein sehr wirksamer Knebel, wenn man ihn richtig anzuwenden weiß. – Dann schleppten wir das »Tier« ins Esszimmer und schickten einen Mann zu Dumoise, dem Arzt, mit der Bitte, er möge sofort kommen.

Als der Bote fort war und wir wieder Atem geschöpft hatten, sagte Strickland: »Es wird nichts nützen. Die Sache schlägt nicht in das Fach eines Arztes.« – Ich wusste, dass er die Wahrheit sprach.

Der Kopf des »Tieres« war frei; es warf ihn ruhelos hin und her. Hin und her. Wäre damals jemand ahnungslos ins Zimmer getreten, er hätte glauben müssen, wir stünden im Begriffe, einem Wolf das Fell abzuziehen; und das war von allen Gedanken, die unser Hirn bestürmten, vielleicht der schrecklichste.

Strickland saß unbeweglich da, das Kinn auf die Faust gestützt, und beobachtete schweigend das »Tier«, wie es sich auf dem Boden krümmte und wand, das Hemd vom Ringen aufgerissen, darunter die schwarze Rosette auf der linken Brust, die sich von der Haut abhob wie eine Brandblase.

In der Totenstille, die im Zimmer herrschte, hörten wir mit einem Mal draußen etwas miauen, wie eine weibliche Otter. – Wir sprangen beide auf, und ich – ich rede nur von mir allein, nicht von Strickland – fühlte mich todkrank, richtig körperlich krank.

Wir versuchten, uns einzureden – es – es sei eine Katze.

Dumoise kam. Noch nie habe ich einen Arzt so berufswidrig erschrecken sehen. Er sagte, es sei ein geradezu erschütternder Fall von Tollwut; leider gebe es kein Mittel dagegen. Beruhigende Medikamente würden den Todeskampf nur verlängern. – Das »Tier« hatte bereits Schaum vor dem Mund.

Wir redeten Dumoise ein, Fleete sei ein- oder zweimal von Hunden gebissen worden, was bei jemand, der ein halbes Dutzend Terrier hält, häufig vorzukommen pflegt.

Dumoise konnte keinerlei Hilfe in Aussicht stellen; nur eins könne er mit Sicherheit erklären, sagte er, nämlich, dass Fleete an Hydrophobie sterben werde. – Wie als Antwort heulte das »Tier« in diesem Augenblick laut auf: Es war ihm gelungen, sich von dem Knebel zu befreien. Dumoise sagte, er wäre bereit, die Todesursache jetzt schon zu bescheinigen, da das Ende nahe sei. Er war ein braver, kleiner Kerl und erbot sich, bei uns zu bleiben, aber Strickland lehnte es ab; er wollte Dumoise das Neujahrsfest nicht verderben und bat ihn nur, die wirkliche Todesursache von Fleetes Tod nicht öffentlich bekannt zu geben.

Dumoise verließ uns tief bewegt. Als das Rollen seines Wagens verstummte, teilte mir Strickland seinen Verdacht mit – im Flüsterton; es klang so unglaublich, was er sagte, dass er selbst es nicht laut auszusprechen wagte. Und obgleich ich Stricklands Ansicht innerlich vollkommen teilte, so schämte ich mich doch, es einzugestehen, und gab lieber vor, ich glaubte an derlei Dinge nicht.

»Selbst wenn der Silberne wirklich Fleete behext hat«, sagte ich leise, »so rasch könnte doch die Strafe wegen der Beschimpfung der Hanumanstatue –« ich konnte den Satz nicht zu Ende sprechen, denn abermals wurde ein Schrei draußen laut, und sofort verfiel das »Tier« wieder in einen Paroxismus von Krämpfen, – so heftig, dass wir fürchten mussten, seine Fesseln könnten zerreißen.

«Gib Acht!«, rief Strickland. »Wenn sich das noch sechsmal wiederholt, nehme ich das Gesetz selbst in die Hand. Ich befehle dir, mir dabei zu helfen!«

Er ging rasch in sein Zimmer und kehrte nach wenigen Minuten zurück mit dem Lauf einer alten Schrotflinte, einem Stück Angelschnur, ein paar dicken Stricken und seiner schweren Holzbettstatt. Ich berichtete ihm, die Krämpfe seien jedes Mal etwa zwei Sekunden nach dem Heulen draußen eingetreten, aber jetzt sei das »Tier« merklich schwächer.

Strickland murmelte in sich hinein. »Das Leben kann er ihm doch nicht nehmen! Nein, Leben kann er nicht nehmen.«

»Es wird eine Katze sein!«, – ich wollte unter keinen Umständen etwas anderes zugestehn –: »Es muss eine Katze sein! – Wenn der Silberne die Schuld hat, würde er nicht wagen, hierher zu kommen!«

Strickland zündete Holz auf dem Herd an, legte den Flintenlauf in die Glut, breitete die Taue auf dem Tisch aus, brach einen Spazierstock in zwei Teile und knotete einen Meter Angelschnur, aus Darm geflochten und drahtumwickelt, wie man sie zum Fischen der großen Masheers verwendet, mit den Enden zusammen. Dann sagte er nachdenklich: »So, irgendwie müssen wir ihn fangen. Wenn ich nur wüsste, wie! Wir müssen ihn lebendig und unverletzt in die Hand bekommen.«

»Verlassen wir uns auf die Vorsehung! – Nehmen wir ein paar Polohämmer!«, – schlug ich vor –, »und schleichen wir uns leise hinaus in das Buschwerk vor dem Haus! Alles spricht dafür, dass der Mensch, oder das Tier, das das Geheul ausstößt, in regelmäßigen Zeitabständen den Bungalow umkreist wie eine Nachtwache. Lauern wir ihm im Gebüsch auf und überfallen wir ihn, wenn er vorüberkommt!«

Strickland erklärte sich einverstanden, und wir schlüpften vom Badezimmerfenster aus auf die Veranda hinaus und von da über den Fahrweg ins Buschwerk.

Gleich darauf kam der Aussätzige um die Ecke des Hauses; wir konnten ihn deutlich im Mondlicht sehen. Er war völlig nackt, miaute von Zeit zu Zeit und blieb dann stehen, um einen merkwürdigen Tanz mit seinem Schatten aufzuführen. Es war ein grauenhafter Anblick, und als ich mir vorstellte, dies scheußliche Geschöpf sei Schuld an des armen Fleetes Erniedrigung zum Tier, da fielen meine letzten Bedenken, und ich beschloss, Strickland zu helfen – mit dem glühenden Flintenlauf sowohl, wie mit der geknoteten Angelschnur –, mit allen Foltern, die nötig sein würden, – Foltern, vom Kopf angefangen bis zu den Hüften und wieder zurück!

Als der Aussätzige einen Moment vor der Eingangstür Halt machte, fielen wir mit den Polohämmern über ihn her. Er war erstaunlich kräftig, und wir mussten alles aufbieten, damit er uns nicht entwischte, ehe wir ihn fest hatten, zumal wir darauf achten mussten, ihn nicht ernstlich zu verwunden. Wir hatten immer angenommen, Aussätzige wären schwache Geschöpfe; es war ein Irrtum gewesen.

Strickland versetzte ihm schließlich einen derartigen Hieb auf die Schienbeine, dass er niederstürzte. – Ich setzte ihm den Fuß in den Nacken. Er miaute schauderhaft; durch meine hohen Reitstiefel hindurch konnte ich deutlich fühlen, dass sein Fleisch nicht das eines gesunden Menschen war. Er schlug nach uns mit den Stummeln seiner Hände und Füße; wir schlangen den Riemen einer Hundepeitsche unter seinen Achseln hindurch, verknoteten sie und schleppten ihn rücklings in die Vorhalle und in das Esszimmer, wo das »Tier« gefesselt lag. – Dort banden wir ihn mit Tauen fest. Er wehrte sich nicht mehr. Miaute nur.

Die Szene, die sich abspielte, als wir ihn dem »Tier« gegenüberstellten, spottet jeder Beschreibung. Das »Tier« schnellte sich nach rückwärts, den Körper wie ein Bogen nach hinten gekrümmt, als sei es mit Strychnin vergiftet, und stöhnte zum Erbarmen. Noch verschiedenes andere begab sich, was ich hier nicht beschreiben kann.

»Ich glaube, meine Vermutung war richtig«, sagte Strickland. »Wollen mal die Aufforderung an ihn richten, den Fall zu kurieren!« – Aber der Aussätzige miaute nur.

Strickland wickelte ein Tuch um die Hand und nahm den Flintenlauf aus der Glut; ich steckte den zerbrochenen Spazierstock durch die Schlinge der Angelschnur, drehte ihn als Handhabe und schnürte so den Aussätzigen an der Bettstatt fest. Ich bekam damals einen leisen Begriff, wieso Männer, Frauen und Kinder es einst ertragen konnten, Hexen lebendig verbrennen zu sehen.

Das »Tier« auf dem Boden wimmerte und jammerte, und wenn auch der Silberne kein Gesicht mehr hatte, so konnte man doch von Zeit zu Zeit über den zähen Schlamm, der es ersetzte wie eine Maske, einen Ausdruck bestialischer Verworfenheit, gemischt mit Wut und Schrecken, hinhuschen sehen – etwa, wie Hitzwellen über rot glühendem Eisen spielen.

Einen Moment bedeckte Strickland seine Augen mit den Händen; dann gingen wir ans Werk. – Eine Schilderung wird niemals im Druck erscheinen.

Der Tag begann zu dämmern, da erst entschloss sich der Aussätzige zu sprechen. Bis dahin hatte er nur miaut; wir wollten uns aber damit nicht zufrieden geben.

Das »Tier« war ohnmächtig vor Erschöpfung.

Wir banden den Aussätzigen los und befahlen ihm, den bösen Geist auszutreiben.

Er kroch zu dem »Tier« hin und legte ihm die Hand auf die linke Brust; das war alles. Dann fiel er, das Gesicht nach unten, nieder und winselte, wobei er – den Atem nach innen sog.

Wir beobachteten das »Tier« und sahen: Die Seele Fleetes kehrte wieder in seine Augen zurück; seine Stirne bedeckte sich mit Schweiß, und die Augen – es waren wieder menschliche Augen – schlossen sich.

Wir warteten eine Stunde: – Fleete schlief fest und tief. Wir trugen ihn in sein Zimmer und bedeuteten dem Aussätzigen, er möge gehen, gaben ihm die Bettstatt, die Decke, damit er seine Blöße verhülle, die Handschuhe, die Tücher, kurz alles, womit wir ihn berührt, und die Peitschenschnur, mit der wir ihn gefesselt hatten. Er hüllte sich in die Decke und schritt hinaus in die Morgenfrühe, ohne zu sprechen, ohne zu miauen.

Strickland trocknete sich die Stirn und setzte sich nieder; ein Nachtgong weit drüben in der Stadt schlug sieben Uhr.

»Genau vierundzwanzig Stunden!«, sagte Strickland. »Ich habe mein Bestes getan, um einer Entlassung aus dem Staatsdienst sicher sein zu können, möglicherweise auch eines lebenslänglichen Freiquartiers in einer Irrenanstalt. Was meinst du übrigens: Schlafen wir, oder sind wir wach und noch bei Sinnen?«

Der glühende Flintenlauf war heruntergefallen, versengte den Teppich, der Brandgeruch war durchaus real, kein Zweifel: Wir waren wach und bei Sinnen.

Um elf Uhr gingen wir zu Fleete, um ihn zu wecken, und bemerkten sofort, dass die schwarze Leopardenrosette von seiner Brust verschwunden war. Er sah sehr müde und schlaftrunken aus, rief aber, als er uns erblickte, sofort: »Was sehe ich? Da seid ihr ja, alte Burschen! Ein glückliches Neujahr wünsche ich euch! – Und lasst euch raten: Trinkt niemals Schnaps, Bier und Champagner durcheinander: Ich bin noch halb tot davon!«

»Ich danke dir für deine Aufmerksamkeit, aber mit der Gratulation kommst du ein bisschen spät«, sagte Strickland. »Heute schreiben wir bereits den zweiten Januar. Du hast geschlafen wie ein Murmeltier!«

Da ging die Tür auf, und der kleine Dumoise steckte den Kopf herein; er war zu Fuß gekommen und nahm an, wir wollten Fleete bereits aufbahren.

»Ich habe eine Leichenwäscherin mitgebracht«, sagte er. »Ich glaube, sie wird alles gut besorgen.«

»Haha«, lachte Fleete und richtete sich belustigt im Bett auf. »Nur herein mit der Holden! Das ist ja prachtvoll.«

Dumoise war sprachlos. Strickland führte ihn hinaus und erklärte ihm, er müsse sich offenbar in der Diagnose geirrt haben. Dumoise erwiderte kein Wort: Er fühlte sich in seiner Würde als Arzt schwer gekränkt und schien die Sache als eine persönliche Beleidigung auffassen zu wollen.

Auch Strickland ging fort. Als er zurückkehrte, erzählte er mir, er habe beim Hanumantempel vorgesprochen und sich zu jeglicher Art Genugtuung wegen der geschehenen Götterentweihung bereit erklärt. Man hätte ihn aber aufs feierlichste versichert, niemals sei das Bild des Gottes von einem weißen Mann berührt worden. Er sei fraglos die Verkörperung aller Tugenden, scheine aber bisweilen Sinnestäuschungen unterworfen zu sein. – »Was sagst du dazu?«, schloss Strickland.

»Es gibt mehr Dinge zwischen Himmel und –«, wollte ich ausrufen, da fiel mir noch rechtzeitig ein, dass Strickland dieses Zitat hasste; es sei abgedroschen, pflegte er zu behaupten.

Noch etwas begab sich, – es erschreckte mich fast ebenso wie die Vorfälle in der Nacht: Als Fleete angekleidet ins Esszimmer trat, schnupperte er plötzlich in die Luft. – Er hatte eine seltsame Art, die Nase zu bewegen, wenn er schnupperte. – »Ein scheußlicher Geruch nach Hunden ist hier«, sagte er. »Du solltest deine Terrier besser pflegen! Versuch's doch einmal mit Schwefelblüte, Stricky!«

Strickland antwortete nicht. Er haschte nach einer Stuhllehne und brach urplötzlich in einen Weinkrampf aus. – Es ist eine schreckliche Sache, einen starken Mann weinen zu sehen. – Dann überfiel auch mich die Erinnerung, dass wir hier in diesem Raum mit dem Silbernen um Fleetes Seele gerungen und uns als Engländer erniedrigt hatten, und ich lachte, – keuchend und gurgelnd. Fleete dachte sich offenbar, wir seien beide verrückt geworden!

Gesagt haben wir ihm niemals, was wir für ihn getan hatten.

Ein paar Jahre später, als Strickland sich verheiratet hatte und seiner Frau zuliebe ein emsiger Kirchengänger geworden war, besprachen wir noch einmal das seltsame Erlebnis in aller Ruhe, und Strickland machte mir den Vorschlag, ich solle den Fall veröffentlichen. Ich meinesteils glaube nicht, dass dadurch das Geheimnis aufgeklärt wird, denn erstens glaubt niemand gern an derlei lästige Geschichten, und zweitens weiß jeder vernünftige Mensch, dass die Götter der Heiden aus Stein oder Erz bestehen und dass die Annahme, sie könnten als etwas anderes aufgefasst werden, überaus töricht ist!

Ray Bradbury
Der Fieberwahn

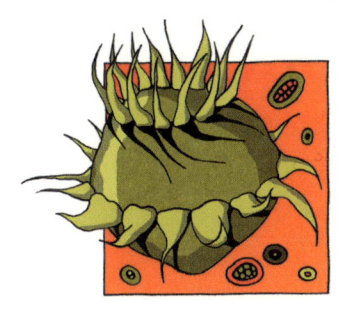

Sie legten ihn in frisches, reines, gebügeltes Bettzeug, und immer stand ein Glas frisch gepressten, dicken Orangensafts auf dem Tisch unter der rosafarbenen Lampe mit dem gedämpften Schein. Charles brauchte nur zu rufen, und Mama oder Papa würden den Kopf zur Tür hereinstecken, um nachzusehen, wie krank er war. Das Zimmer war sehr hellhörig; frühmorgens hörte man, wie das Klosett in seinem Porzellanschlund gurgelte, man hörte den Regen aufs Dach prasseln, listige Mäuse in geheimen Wandhöhlungen laufen, den Kanarienvogel unten im Käfig singen. War man richtig auf Draht, so war das Kranksein gar nicht so übel.

Fünfzehn war Charles. Es war Mitte September, und das Land begann vom Herbst Feuer zu fangen. Er hatte schon seit drei Tagen im Bett gelegen, als ihn das Entsetzen überkam.

Seine Hand fing sich zu verändern an. Seine rechte Hand. Er sah sie an, und sie lag heiß und schweißfeucht dort auf der Bettdecke, allein. Sie bebte kurz und heftig, sie bewegte sich ein wenig. Dann lag sie da und wechselte die Farbe.

An diesem Nachmittag kam der Arzt noch einmal und beklopfte seine magere Brust wie eine kleine Trommel. »Wie geht's dir?«, fragte der Arzt lächelnd. »Ich weiß schon, du brauchst nichts zu sagen: ›Meine *Erkältung* ist viel besser, Herr Doktor, aber ich fühl mich hundsmiserabel!‹ Ha!« Er lachte über seinen eigenen, oft wiederholten Scherz.

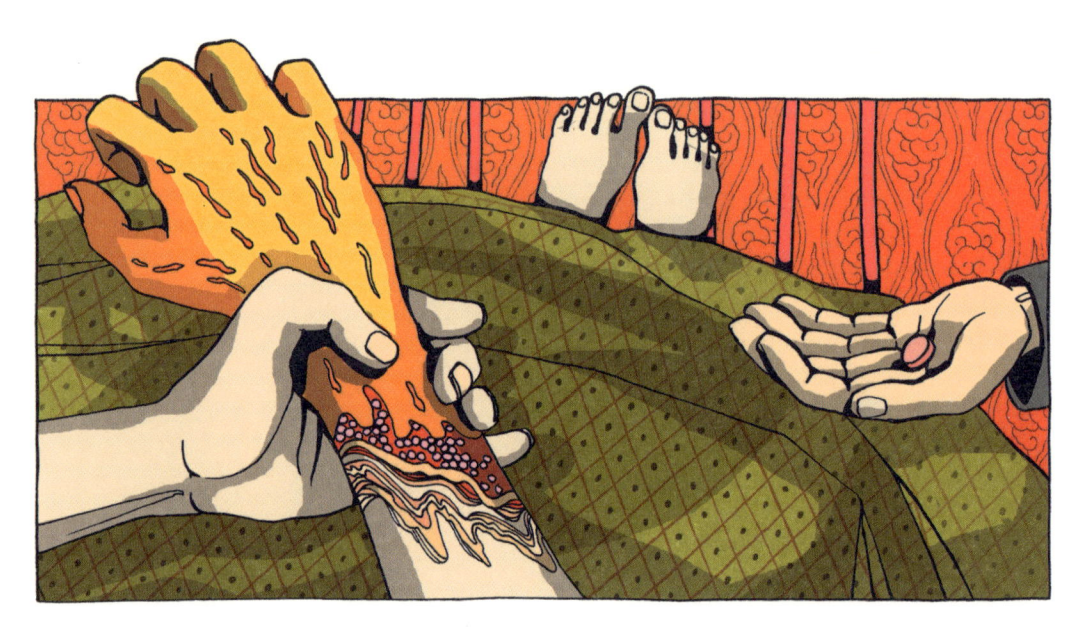

Charles lag da, und für ihn wurde dieser widerliche, uralte Witz allmählich Wirklichkeit. Das Scherzwort setzte sich in ihm fest. Sein Bewusstsein rührte daran und zog sich wieder zurück, in bleichem Entsetzen. Der Arzt wusste gar nicht, wie grausam er mit seinen Späßen war! »Herr Doktor«, flüsterte Charles, reglos und ohne Farbe im Gesicht daliegend. »Meine *Hand*, die *gehört* gar nicht mehr zu mir. Heute früh hat sie sich in etwas anderes verwandelt. Bitte, bitte, verwandeln Sie sie zurück, Herr Doktor!«

Der Doktor zeigte die Zähne und tätschelte die Hand des Jungen. »Die sieht ganz prächtig aus, mein Junge. Du hast nur im Fieber geträumt.«

»Aber sie ist verwandelt, Herr Doktor, wirklich!«, rief Charles und hielt mitleidheischend seine blasse, zuckende Hand hoch. »Ganz bestimmt ist sie das!«

Der Arzt zwinkerte mit den Augen. »Dafür bekommst du jetzt eine rosa Pille.« Er legte Charles flink ein Dragee auf die Zunge. »Runterschlucken!«

»Wird dann meine Hand wie vorher, gehört sie wieder *mir*?«

»Ja, ja.«

Das Haus war still, als der Doktor in seinem Wagen unter dem ruhigen blauen Septemberhimmel auf der Landstraße davonfuhr. Eine Uhr tickte, weit weg in der Küchenwelt. Charles lag da und sah seine Hand an.

Sie verwandelte sich nicht zurück. Sie war noch immer – etwas anderes.

Draußen wehte der Wind. Er fegte Laub gegen die kühle Fensterscheibe.

Um vier Uhr veränderte sich seine andere Hand. Sie wurde gleichsam Sitz eines Fiebers, einer Droge, eines Virus. Sie pulsierte und wandelte sich, Zelle für Zelle. Sie pochte wie ein warmes Herz. Die Fingernägel wurden blau und dann rot. Zu dieser Verwandlung brauchte die Hand etwa eine Stunde, und als sie abgeschlossen war, sah sie wie jede normale Hand aus. Aber sie war nicht normal. Sie gehörte jetzt nicht mehr zu ihm. Er lag in fasziniertem Entsetzen da und schlief erschöpft ein.

Um sechs brachte Mutter die Suppe herauf. Er mochte sie nicht anrühren. »Ich habe keine Hände«, sagte er mit geschlossenen Augen.

»Mit deinen Händen ist alles in Ordnung«, sagte Mutter.

»Nein«, klagte er. »Meine Hände sind weg. Mir kommt es so vor, als hätte ich Stümpfe. O Mama, Mama, halt mich fest, ganz fest, ich hab solche Angst!«

Sie musste ihn füttern.

»Mama«, sagte er, »hol bitte den Doktor wieder, mir ist so übel.«

»Der Doktor kommt heute Abend um acht«, sagte sie und ging hinaus.

Um sieben, als die Nacht dicht und dunkel das Haus einhüllte, setzte Charles sich im Bett auf, als er spürte, wie es erst mit einem Bein, dann mit dem anderen geschah. »Mama! Komm schnell!«, schrie er.

Aber als Mama kam, hatte es plötzlich aufgehört.

Als sie die Treppe hinunterging, blieb er einfach liegen und wehrte sich nicht dagegen, dass es in seinen Beinen pochte und pochte, dass sie warm wurden und rot glühend und dass sich das Zimmer mit der Hitze seiner fiebrigen Verwandlung füllte. Die Glut kroch ihm von den Zehen in die Knöchel und dann in die Knie herauf.

»Darf ich hereinkommen?« Der Arzt lächelte im Türrahmen.

»Doktor!«, rief Charles. »Schnell, nehmen Sie mir die Decke ab!«

Der Arzt hob verständnisvoll die Bettdecke. »Na also. Heil und gesund. Aber du schwitzt. Ein wenig Fieber. Ich hatte dir doch verboten, dich zu bewegen, du Lausejunge.« Er kniff Charles in die feuchte rosige Wange. »Haben die Pillen geholfen? Ist deine Hand wieder wie vorher?«

»Nein, nein, und jetzt hab ich es auch noch in der anderen Hand und in den Beinen!«

»Na, na, da muss ich dir wohl noch mal drei Pillen geben, eine für jedes Glied, was, mein Goldjunge?«, lachte der Doktor.

»Und die helfen dann? Bitte, bitte – was ist mit mir los?«

»Ein harmloser Fall von Scharlachfieber, und als Komplikation eine leichte Erkältung.«

»Ist das ein Bazillus, der in mir lebt und dabei neue kleine Bazillen kriegt?«

»Ja.«

»Glauben Sie bestimmt, dass es Scharlach ist? Sie haben mich gar nicht richtig untersucht.«

»Ich werde wohl noch einen fieberhaften Infekt erkennen, wenn ich mir einen Patienten ansehe«, sagte der Arzt, während er mit kühler Überlegenheit dem Jungen den Puls fühlte.

Charles lag da und schwieg, bis der Arzt forsch seine schwarze Tasche zu packen begann. Dann klang in feinem, zartem Rhythmus die Stimme des Jungen durch den stillen Raum, und seine Augen leuchteten, während er sich entsann. »Ich habe mal ein Buch gelesen. Über versteinerte Bäume – Holz, das zu Stein wurde. Wie Bäume umstürzten und verfaulten und Mineralien eindrangen und wucherten, und das sieht dann aus wie Bäume, aber es sind keine, es ist Stein.« Er hielt inne. In dem ruhigen, warmen Zimmer war sein Atem deutlich zu hören.

»Na, und?«, fragte der Arzt.

»Ich habe überlegt«, sagte Charles nach einer Pause. »Können Bazillen auch wachsen? Also – im Biologieunterricht lernten wir das über die Einzeller, Amöben und solches Zeug, und wie sie sich vor Millionen Jahren zusammentaten, bis es eine Traube gab, und so bildeten sie den ersten Organismus. Und immer mehr Zellen kamen zusammen und wurden immer größer, und irgendwann wurde vielleicht ein Fisch daraus, und schließlich entstanden dann *wir*, und wir sind auch nichts anderes als ein Klumpen Zellen, die beschlossen haben, sich zu vereinigen und einander zu helfen. Das stimmt doch?« Charles befeuchtete sich die fiebrigen Lippen.

»Was soll denn das alles?« Der Arzt beugte sich über ihn.

»Ich muss Ihnen das erklären, Doktor, oh, ich muss einfach!«, rief er. »Was würde passieren, angenommen – ach bitte, nehmen Sie einmal an, dass wie ganz früher eine Masse Mikroben sich zu einem dichten Haufen zusammenklumpen und sich vermehren und immer mehr werden –«

Seine weißen Hände lagen jetzt auf der Brust und tasteten sich langsam zur Kehle vor.

»Und beschließen, einen Menschen in ihre Gewalt zu bekommen!«

»In ihre Gewalt bekommen – einen Menschen?«

»Ja, zu einem Menschen werden. Ich, meine Hände, meine Füße! Wenn es nun eine Krankheit irgendwie schafft, einen Menschen umzubringen und ihn trotzdem zu überleben?«

Er schrie fürchterlich.

Seine Hände waren an seinem Hals.

Der Arzt trat herzu und rief ihn laut an.

Um neun Uhr wurde der Arzt von den Eltern zu seinem Wagen begleitet, und sie reichten ihm seine Tasche hinauf. Sie redeten noch ein paar Minuten in der kühlen Nacht miteinander. »Passen Sie gut auf, dass seine Hände an die Schenkel geschnallt bleiben«, sagte der Arzt. »Ich möchte verhindern, dass er sich selbst etwas antut!«

»Wird er wieder gesund, Doktor?« Die Mutter fasste ihn kurz am Arm.

Er klopfte ihr auf die Schulter. »Bin ich nicht seit dreißig Jahren Ihr Hausarzt? Es ist das Fieber, er fantasiert.«

»Aber die Male am Hals, er hat sich ja beinahe mit eigenen Händen erwürgt!«

»Sie müssen ihn eben angeschnallt lassen, dann ist er morgen früh wieder auf der Höhe.«

Pferd und Wagen zogen auf der dunklen Septemberstraße dahin.

Um drei Uhr in der Frühe lag Charles in seinem kleinen Zimmer zum Hof noch immer wach. Das Bett unter seinem Kopf und seinem Rücken war feucht. Ihm war sehr warm. Nun hatte er keine Arme und auch keine Beine mehr, und sein Leib begann sich zu verwandeln. Er rührte sich nicht im Bett, sondern blickte mit wahnhafter Aufmerksamkeit auf die große leere Fläche der Zimmerdecke. Eine Weile hatte er gebrüllt und um sich geschlagen, doch dann war er davon schwach und heiser geworden, und seine Mutter war mehrmals aufgestanden, um ihm mit einem nassen Handtuch die Stirn zu kühlen. Jetzt war er still, die Hände an die Oberschenkel geschnallt.

Er fühlte, wie die Wandungen seines Körpers sich veränderten, die Organe sich regten, wie die Lungen gleich glühenden Bälgen voll scharlachroten Alkohols Feuer fingen. Der Raum war wie vom Flackern eines Kaminfeuers erhellt.

Nun hatte er keinen Leib mehr. Der Rumpf war einfach nicht mehr da. Er war unter ihm, doch ganz vom mächtigen, rhythmischen Strömen einer brennenden, lähmenden Droge erfüllt. Es war, als habe ein Fallbeil seinen Kopf säuberlich abgetrennt und als liege sein Kopf leuchtend auf einem dunkelblauen Kissen, während der Rumpf unten, noch voller Leben, jemand anderem gehörte. Die Krankheit hatte seinen Körper aufgezehrt und mittels dieser Nahrung als fiebriger Doppelgänger Gestalt angenommen. Da waren die feinen Härchen auf den Händen und die Fingernägel und die Narben und die Zehennägel und der winzige Leberfleck an der rechten Hüfte, alles in vollendeter Ausführung wieder erstanden.

Ich bin tot, dachte er. Ich bin umgebracht worden, und dennoch lebe ich. Mein Körper ist tot, er ist nur noch Krankheit, und niemand wird es je merken. Ich werde umhergehen und werde nicht ich selber sein. Es wird etwas ganz Schlimmes, ganz Böses sein, so stark und so böse, dass es kaum zu begreifen oder auszudenken ist. Etwas, das Schuhe kaufen und Wasser trinken und vielleicht eines Tages heiraten und auf Erden mehr Böses anrichten wird, als es je zuvor geschehen ist.

Nun stieg die Wärme verstohlen an seinem Hals hinauf, in seine Wangen, wie Glühwein. Seine Lippen brannten, seine Lider fingen Feuer wie dürre Blätter. Seine Nasenlöcher hauchten sachte, sachte blaue Flammen aus.

Das ist also das Ende, dachte er. Es wird meinen Kopf und mein Gehirn nehmen und alles erstarren lassen, beide Augen und jeden einzelnen Zahn, und alle meine Gehirnwindungen und jedes Haar und jede Furche in meinen Ohren, und von mir selbst wird nichts übrig bleiben.

Er spürte, wie sein Gehirn sich mit brodelndem Quecksilber anfüllte. Er spürte, wie sein linkes Auge sich in sich zusammenballte, sich schneckenartig zurückzog, sich wand. Er war auf dem linken Auge blind. Es gehörte ihm nicht mehr. Es war Feindesland. Seine Zunge war weg, abgeschnitten. Seine linke Wange war gefühllos, verloren. Sein linkes Ohr hörte nichts mehr. Es gehörte nun einem anderen.

Diesem Etwas, das da geboren wurde, diesem Mineralgerüst, das den Platz des Baumstammes einnahm, dieser Krankheit, die an die Stelle gesunder organischer Zellen trat.

Er versuchte zu schreien, und er konnte noch laut und schrill in den Raum hinausschreien, bevor sein Gehirn zerfloss, sein rechtes Auge und sein rechtes Ohr abgetrennt wurden und er blind und taub war, ganz Feuer und Grauen, nur noch Panik, Tod.

Sein Schrei riss ab, noch ehe seine Mutter zur Tür herein und an sein Bett gestürzt kam.

Es war ein angenehmer, klarer Morgen, mit einer frischen Brise, die Pferd und Wagen samt dem Doktor auf der Straße zu raschem Vorwärtskommen verhalf, bis sie vor dem Haus anhielten. Oben am Fenster stand der Junge, fertig angekleidet. Er winkte nicht, als der Arzt winkte und rief: »Was soll das? Aufgestanden? Großer Gott!«

Der Arzt hastete die Treppe hinauf. Keuchend trat er ins Schlafzimmer.

»Warum bist du nicht im Bett?«, herrschte er den Jungen an. Er klopfte die magere Brust ab, fühlte den Puls und maß die Temperatur. »Höchst verblüffend! Normal. Normal, bei Gott!«

»Ich werde im Leben nie mehr krank sein«, erklärte der Junge gelassen, während er dastand und aus dem breiten Fenster schaute. »Nie mehr.«

»Das hoffe ich auch. Na, Charles, du siehst prachtvoll aus.«

»Herr Doktor?«

»Ja, Charles?«

»Darf ich heute wieder in die Schule?«, fragte Charles.

»Morgen ist auch noch ein Tag. Du kannst es ja anscheinend kaum erwarten.«

»Nein. Ich bin gern in der Schule. Ich mag all die anderen Kinder. Ich will mit ihnen spielen und mich herumbalgen und sie anspucken und die Mädchen an den Zöpfen ziehen und dem Lehrer die Hand schütteln und alle Mäntel in der Garderobe anfassen, und ich will groß werden und reisen und überall in der Welt den Leuten die Hand schütteln und heiraten und eine Menge Kinder kriegen und in Bibliotheken gehen und Bücher anfassen und – das alles will ich tun!«, sagte der Junge mit einem langen Blick in den Septembermorgen. »Wie haben Sie mich eben genannt?«

»Wie?« Der Arzt war verdutzt. »Ich sagte nur deinen Namen – Charles.«

»Besser den als überhaupt keinen Namen«, sagte Charles achselzuckend.

»Es freut mich, dass du wieder zur Schule gehen willst«, sagte der Doktor.

»Ich bin schon mächtig gespannt darauf.« Der Junge lächelte. »Vielen Dank für Ihre Hilfe, Herr Doktor. Ich möchte Ihnen die Hand geben.«

»Aber gern.«

Sie schüttelten sich feierlich die Hände, und der klare Wind wehte zum offenen Fenster herein. Sie hielten sich fast eine Minute lang bei der Hand, der Junge mit lächelndem Blick zu dem alten Mann hinauf und mit vielen Dankesworten.

Dann lief der Junge lachend mit dem Arzt um die Wette treppab und zum Wagen hinaus. Seine Eltern kamen hinterher, um beglückt Abschied zu nehmen.

»Gesund und munter wie der Fisch im Wasser!«, sagte der Doktor. »Unbegreiflich!«

»Und stark«, sagte der Vater. »Er hat sich heute Nacht ganz allein aus den Anschnallgurten befreit. Nicht, Charles?«

»Wirklich?«, sagte der Junge.

»Ja, bestimmt! Aber wie nur?«

»Oh«, sagte der Junge. »Das ist schon so lange her.«

Da lachten alle, und während sie lachten, machte der Junge ganz ruhig mit seinem nackten Fuß einen Schritt seitwärts und streifte dabei ein paar rote Ameisen, die auf der Straße durcheinander eilten. Unbemerkt, mit glänzenden Augen, solange seine Eltern noch mit dem alten Mann plauderten, sah er die Ameisen zaudern, zucken und reglos auf dem Asphalt liegen bleiben. Er wusste, dass sie nun tot waren.

»Leben Sie wohl!«

Der Arzt fuhr winkend davon.

Der Junge schritt vor seinen Eltern her. Beim Gehen sah er zum Stadtkern hinüber und begann ganz leise ein ausgelassenes Schülerlied zu summen.

»Es ist so schön, dass es ihm wieder gut geht«, sagte der Vater.

»Hör nur – wie er sich auf die Schule freut!«

Der Junge wandte sich gemächlich um. Fast erdrückte er Vater und Mutter mit einer langen Umarmung. Er küsste sie beide.

Dann sprang er ohne ein Wort die Vortreppe zum Haus hinauf.

Im Wohnzimmer öffnete er flink den Vogelkäfig, ehe die anderen hereinkamen, streckte die Hand hinein und streichelte den gelben Kanarienvogel, ein einziges Mal.

Dann schloss er die Käfigtür, trat zurück und wartete.

Ray Bradbury

Das Kainszeichen oder was sonst?

Church Road ist eine freundliche Durchgangsstraße in einem hübschen Vorort von London, und doch, so fürchte ich, werden wir umziehen müssen, und all dies nur wegen dieses schrecklichen Hauses gegenüber. Nicht, dass das Haus selbst die Schuld daran trägt, obgleich ich sagen muss, dass es mir nie sehr gefallen hat, aber Sie werden gleich hören.

Das kleine Haus, in dem wir wohnen, liegt am Ende der Church Street, nahe der Kreuzung mit der Earl Street, und als wir einzogen, war das Grundstück auf der gegenüberliegenden Straßenecke unbebaut, und so blieb es auch längere Zeit. Schließlich aber errichtete man dort ein großes hässliches Bauwerk, eine gewisse Miss Spencer zog ein, lebte dort mit mehreren Dienstboten und nannte das Haus »Montresor Lodge«. Bald sahen wir mehr von unserer neuen Nachbarin. Jeden Morgen trat sie durch die Seitentür auf die Straße und spazierte die Church Road auf und ab für etwa eine Stunde. Sie war eine große, elegant gekleidete, vornehme Frau mit einem auffallenden Gang, und ich sah sie oft, wie sie unter den Ahornbäumen auf und ab ging. Mit der Zeit begann sie mir leidzutun, denn ob sie nun ihren Morgenspaziergang unternahm oder am Nachmittag in einer gemieteten Kutsche ausfuhr, immer war sie allein. Ob sie wirklich so einsam war, wie es schien, vermochte ich freilich nicht mit Gewissheit zu sagen.

»Wie langweilig muss es doch für Miss Spencer sein, ganz allein in diesem großen Haus zu leben«, bemerkte ich eines Morgens beim Frühstück.

»Ja, offenbar hat sie keine Bekannten«, meinte mein Mann und sah von seiner Zeitung auf, »warum laden wir sie nicht einmal zu uns ein?«

»Gut«, antwortete ich, »wenn ich sie wieder einmal sehe, werde ich sie ansprechen.«

Doch wahrscheinlich hätte ich diese Absicht nicht so schnell wahr gemacht, wäre es nicht eben an diesem Tag zu einem kleinen Zwischenfall gekommen.

Ich ging mit Carlo, unserem Collie, vor dem Lunch in der Church Road spazieren, als ich plötzlich bemerkte, dass Miss Spencer kurz vor mir ging. Der Hund war wild und aufgeregt, er bellte und sprang um mich herum und achtete dabei überhaupt nicht darauf, wohin es ging, sodass er plötzlich gegen Miss Spencer stieß und sie beinahe umgerissen hätte. Ich eilte hinzu und entschuldigte mich.

»Oh, das macht gar nichts«, sagte sie freundlich, »ich habe Hunde gerne.« Carlo, sich offenbar seiner Schuld bewusst, stand ruhig neben mir. Da streckte sie ihre Hand aus, um ihn zu streicheln. Zu meinem Erstaunen wich der Hund mit einer abwehrenden Bewegung seines Kopfes zurück.

»Was für ein hübscher Kerl er ist«, sagte Miss Spencer, und wieder versuchte sie, ihn zu berühren. Diesmal stieß Carlo ein unmissverständliches Knurren aus und zeigte seine Zähne. Es schien mir, als zeige sich im Gesichtsausdruck des Hundes nicht nur Zorn, sondern auch Furcht.

»Er mag mich scheinbar nicht«, sagte sie etwas traurig.

»Er sollte eigentlich nett zu Ihnen sein«, erwiderte ich, »wir sind doch Nachbarn.« Dann stellte ich mich vor und erwähnte, dass ich ihr gern einmal einen Besuch machen wolle.

Sie schien sich zu freuen. »Kommen Sie doch morgen«, sagte sie herzlich, und ich versprach, sie am kommenden Tag zu besuchen. Unsere Bekanntschaft, die so begann, erwies sich als angenehm. Ich hatte Gelegenheit, mich davon zu überzeugen, dass Miss Spencer eine gebildete Frau und eine umgängliche Nachbarin war. Eine Faszination ging von ihr aus, der man sich schwer entziehen konnte, die ich aber unmöglich zu beschreiben vermag. Wenn ich in ihrer Gesellschaft war, fühlte ich das ganz deutlich, doch war ich wieder daheim, so kam es mir oft vor, als sei dieses Gefühl eine Illusion. Ich war nie ganz sicher, ob neben meiner Bewunderung und Wertschätzung für sie sich nicht auch noch ein gegensätzliches Gefühl ausbreitete, dem ich keinen Namen geben konnte. Dass sie eine Frau war, die auf jeden, der mit ihr in Berührung kam, großen Einfluss ausübte, darüber konnte es keinen Zweifel geben. Hätte sie sich dazu entschlossen, sich in der großen Gesellschaft zu bewegen, so wäre sie, trotz ihrer vierzig Jahre, selbst für hübsche junge Mädchen eine beachtliche Rivalin gewesen, doch offenbar lag ihr nichts daran. Sie hielt sich selbst von ihren Nachbarn zurück, und soweit ich sehen konnte, war ich der einzige Mensch, mit dem sie sich in näheren Umgang einließ, sie kam bei weitem nicht so oft zu mir wie ich zu ihr. Manchmal entschuldigte sie sich, wenn ich sie zu uns bat, mit dieser oder jener Ausrede. Jedenfalls schien sie sich am wohlsten in ihrem eigenen Haus zu fühlen. Vielleicht stieß sie auch Carlos Betragen ab, das tatsächlich seltsam war. War er zufällig im Zimmer, wenn sie hereinkam, so kroch er sofort unter das Sofa und jaulte kläglich. Dann wurde sie bleich und schien der Ohnmacht nahe.

»Da sehen Sie, wie dumm ich bin«, entschuldigte sie sich dann, »ich bin einfach zu nervös, um mich anderswo als in meinem Haus zu bewegen. Lassen Sie die Etikette beiseite und kommen Sie zu mir, so oft Sie nur wollen ... manchmal komme ich dann auch zu Ihnen. Sie sind ja zudem jünger als ich, nicht wahr?«

Ich besuchte sie oft. Irgendwie hatte diese neue Bekanntschaft meine Neugierde erregt. Es kam mir vor, als gäbe es da ein Geheimnis, das ich nicht ergründen konnte. Was war die Ursache dieser undurchdringlichen Zurückhaltung, mit der sie sich umgab? Bei den langen Spaziergängen, die wir zusammen unternahmen, sprach sie nie von Vater, Mutter, Bruder, Schwester, von einem Freund oder einem Geliebten. Sie war immer bereit, über Bücher, Bilder, Musik und Politik zu reden, gab aber nie auch nur eine Andeutung über ihre Vergangenheit preis. Den Satz »ich erinnere mich« schien es in ihrem Wortschatz nicht zu geben. Einmal, auf eine direkte Frage, erzählte sie mir, dass ihre Eltern tot seien. Aber der Ausdruck, den ihr Gesicht bekam, als ich diese Frage stellte, ermunterte mich nicht, Weiteres zu fragen.

Welcher Art ihre Sorgen nun auch sein mochten – und es war nur zu augenscheinlich, dass sie Sorgen hatte – Geldsorgen schienen es nicht zu sein. Ihre Kleider und ihr Lebensstil verrieten Wohlhabenheit, und ihre Diener waren gut ausgebildetes Personal, das sich bestimmt mit keinem geringen Lohn zufrieden gab. Der Koch und das Mädchen waren Engländer, aber Louis, der Butler und zugleich das Faktotum, war offenbar ein Franzose. Zu seinen Pflichten gehörte es, seine Herrin auf ihren Ausfahrten zu begleiten, und nie sah ich Miss Spencer in ihrem Wagen, ohne dass Louis dabei gewesen wäre. Er saß immer auf dem Bock, neben dem Kutscher. Manchmal schickte sie ihn am Morgen zu mir herüber, um mich zu einer Ausfahrt am Nachmittag zu bitten, und da ich keinen Wagen besaß und das Wetter mild und freundlich blieb, nahm ich diese freundliche Einladung immer gern an. In einer Woche aber musste ich ihr mehrmals hintereinander absagen lassen, und um sie nicht zu verstimmen, ging ich schließlich selbst zu ihr hinüber, um zu erklären, wie es dazu gekommen war. Ich fand sie seltsam erregt. »Ich hatte Besuch«, erzählte sie mir und ging auf meine Entschuldigungen gar nicht weiter ein, »raten Sie einmal, wer da war.«

»Ich nehme an, Mr Marshal.«

»Ja. Er sagte mir, er mache all seinen Pfarrkindern einen Besuch. Er wird das erste und das letzte Mal hier gewesen sein«, fügte sie mit einem kurzen Lachen hinzu.

»Aber warum denn?«

»Weil ich ihm gesagt habe, ich hätte meine eigenen Ansichten und ginge nie zur Kirche.«

»Und was hat er darauf geantwortet?«, fragte ich. Ich stellte mir das erschrockene Gesicht unseres guten Vikars vor.

»Gesagt hat er nicht viel, aber er hat sich wohl seinen Teil gedacht. Es ist schon bei einem Mann schlimm genug, wenn er ein Freidenker ist, aber bei einer Frau muss das doch wohl eine unverzeihliche Sünde sein.«

»Aber Sie sind doch kein Freidenker, oder?«, fragte ich, ein wenig bestürzt. Auch war ich etwas verwirrt, denn ich bildete mir ein, sie mehr als einmal in der Kirche gesehen zu haben. Wollte sie das ableugnen, so ging mich das freilich nichts an.

»Ich weiß nicht, was ich bin«, antwortete sie mit einem Seufzer und fuhr sich mit der Hand über die Stirn, »ich weiß nur, was ich nicht bin, und das ist ... orthodox.«

Danach war ich sehr erstaunt, als ich sie bei meinem nächsten Besuch mit der offenen Bibel auf ihren Knien antraf.

»Ich nehme an, Sie kennen die Geschichte von Kain und Abel?«, fragte sie mich, nachdem wir uns begrüßt hatten. Sie stellte diese Frage, als handele es sich um den neuesten Roman.

»Ja, natürlich«, antwortete ich.

»Haben Sie jemals bedacht, welcherart die Natur den ersten Mörder zeichnete?«

»Gelegentlich ja!«

»Und zu welchen Schlüssen sind Sie gekommen?« Sie sagte es wie beiläufig, aber ihre dunklen Augen blickten intensiv drein.

»Nach dem wenigen, was wir darüber wissen, ist das nicht so ganz einfach.«

»Eben, aber es ist doch eine interessante

Spekulation. Zum Beispiel ... dieses Zeichen auf der Stirn ... was meinen Sie ... ob man es wohl immer gesehen hat oder nur unter gewissen Umständen?«

»Ich weiß nicht«, sagte ich, nachdem ich einen Augenblick nachgedacht hatte, »das habe ich mir nun wirklich nie überlegt.«

»Wie dem auch sei, es mag für ihn keine große Rolle gespielt haben«, fuhr Miss Spencer düster fort, »er wusste ja, was immer er auch tat, bis zum letzten Augenblick seines Lebens würde er dieses Zeichen des göttlichen Zorns mit sich herumtragen. Ist das nicht ein schreckliches Schicksal!«

»Aber er hatte ja seinen Bruder getötet«, sagte ich, erstaunt über ihr reges Interesse an Kains Charakter, »er verdiente es zu leiden, denn seine Sünde war groß. Ich für meinen Teil habe kein Mitleid mit ihm.«

»Oh, sagen Sie das nicht.«

Die Worte kamen schnell, wie ein Angstschrei, und der Blick, der mich dabei traf, ging mir durch und durch, und ich zitterte. Sie bemerkte es, und im gleichen Augenblick sprach sie wieder kühl und nüchtern. Es war, als wäre ihr ihre Maske für eine Sekunde entglitten.

»Die Eifersucht war die Wurzel dieses ersten Verbrechens und vieler anderer danach«, bemerkte sie, »Eifersucht ist eine mächtige Kraft des Bösen.«

»Ja, ich finde die Eifersucht auch sehr verabscheuungswürdig«, stimmte ich ihr zu, »ich finde es immer lächerlich, wenn Männer ihre Geliebten umbringen und sich danach damit entschuldigen, die Eifersucht habe sie dazu getrieben.«

»Sie meinen, Mord aus Liebe sei unmöglich?«

»Ja, das meine ich«, antwortete ich, »Liebe verträgt sich nicht mit Mord.«

Miss Spencer sah mich lange an. »Wahrscheinlich sind Sie nie einer großen Versuchung ausgesetzt gewesen«, sagte sie langsam, »deshalb können Sie sich auch nicht vorstellen, dass das Böse Macht über einen Menschen gewinnt. Sie sind eine gute Frau, Mrs Hopes, ich bin gern mit Ihnen zusammen.«

Einige Tage nach diesem Gespräch kam Louis mit einer Nachricht von Miss Spencer. Sie ließ mich fragen, ob ich Lust hätte auszufahren und ob es mir heute ausnahmsweise vor dem Lunch passen würde. Ich sagte zu, und gegen zwölf Uhr hielt der Wagen vor unserem Haus.

Wir waren etwa zwei Stunden gefahren und befanden uns etwa eine halbe Meile von zu Hause entfernt, als wir an dem Laden einer Putzmacherin vorbeikamen, neben dem ein Fotograf sein Studio hatte.

Miss Spencer ließ anhalten und teilte mir mit, sie wolle den Fotografen aufsuchen. Ich bemerkte, dass der Kutscher ganz betreten und ängstlich dreinschaute.

»Madame«, sagte er, als wir ausstiegen, so, als wolle er ein Unglück verhindern. Miss Spencers Augen blitzten. »Mach die Tür auf«, befahl sie, und er hätte ein sehr kühner Mann sein müssen, um diesem Befehl nicht zu gehorchen. Ich hörte, wie Louis schwer stöhnte. Er sah mich fragend an, aber ich wagte es nicht, irgendetwas zu sagen. Was in aller Welt hatte all das zu bedeuten?

Smith war ein guter Fotograf, und mein Mann und ich waren mehr als einmal bei ihm gewesen. Er machte die Aufnahmen selbst, gab sich große Mühe und enttäuschte seine Kunden selten.

»Sind Sie angemeldet?«, fragte eine junge Frau, die uns öffnete.

»Ja, für zwei Uhr«, antwortete Miss Spencer und nannte ihren Namen, worauf man uns sofort in das Studio führte.

Smith kam aus einer kleinen Kammer hervor, erkannte mich und fragte mich, in welcher Stellung ich aufgenommen zu werden wünschte. »Es handelt sich um meine Bekannte«, sagte ich und deutete auf die Person, die regungslos am Fenster stand.

Als Miss Spencer sich umwandte, schrak Mr Smith zusammen. Und tatsächlich, war das noch derselbe Mensch, mit dem ich noch vor wenigen Minuten gesprochen hatte? Ihre Augen wurden starr, ihr Gesicht von Angst gezeichnet und weiß. »Ist Ihnen nicht wohl?«, fragte ich und sprang ihr bei. »Schnell, etwas Wasser.«

»Nein«, sagte sie und setzte sich auf den Stuhl gegenüber dem Apparat. Darauf machte sie Smith ein Zeichen, das zu verstehen gab, er möge beginnen. Er gehorchte und verschwand in die Dunkelkammer.

»Aber was haben Sie vor?«, fragte ich Miss Spencer. Ich kniete neben ihr nieder und drückte ihre eiskalten Hände. »Sie sind krank. Es ist nicht recht, wenn Sie sich jetzt fotografieren lassen. Sie sehen ja ganz bleich aus.«

Sie stöhnte leise. Ihre rechte Hand griff nach der Stuhllehne, große Schweißperlen zeigten sich auf ihrer Stirn. Eine furchtbare Angst, gegen die sie mit aller Macht ankämpfte, schien sie zu überkommen.

Wie ich sie ansah, wurde auch ich von der Angst ergriffen. »Kommen Sie fort, kommen Sie«, sagte ich und versuchte, sie von dem Stuhl zu zerren.

Aber sie blieb sitzen. »Ich muss es wissen«, flüsterte sie heiser, »bleiben Sie bei mir. Das ist alles, was Sie für mich tun können.«

Ich setzte mich neben sie und schlug die Hand vor die Augen, weil ich sie nicht mehr ansehen konnte. Ich fühlte, dass hier eine Tragödie vor sich ging, und wusste doch nicht im Geringsten, wovor man sich hätte fürchten müssen.

Zeit verging. Ich hörte Smith mehrmals auf und ab gehen, und schließlich brach seine Stimme das Schweigen und die Stille.

»Madame, ich kann kein Porträt von Ihnen aufnehmen.«

Ich sah auf, überrascht von dem kühlen, bestimmten Tonfall, mit dem Smith dies sagte, aber Miss Spencer schien es nicht zu bemerken. Ohne ein Wort stand sie auf und ging hinaus. Schweigend fuhren wir heim. Am Tor wandte sie sich um, küsste mich auf die Wange und sagte: »Auf Wiedersehn, alles Gute Ihnen und Ihrem Mann.« Ich wagte es nicht, sie zu fragen, was dies zu bedeuten habe, aber Tränen traten mir in die Augen.

Als mein Mann an diesem Abend heimkam, erzählte ich ihm, was ich erlebt hatte. Er hörte zu und meinte, ich hätte mir etwas eingebildet, aber ich antwortete:

»Hättest du ihr Gesicht gesehen, so würdest du anders reden.«

Die Worte waren kaum über meine Lippen, als das Mädchen eintrat und uns meldete, dass Mr Smith, der Fotograf, mich zu sprechen wünsche.

»Führen Sie ihn herein«, sagte ich.

»Nun, Mr Smith«, sagte mein Mann, »das trifft sich gut. Meine Frau ist heute bei Ihnen gewesen, und offenbar ist in Ihrem Studio etwas geschehen, was sie sehr erregt hat.«

»O ja«, sagte Smith ernst, »ich bin auch noch ganz mitgenommen davon. Ich kenne die Dame nicht, die mit Ihrer Frau heute zu mir kam, aber da sie wohl eine Bekannte von Ihnen ist, denke ich mir, Sie sollten erfahren, dass es mit ihr etwas sehr Seltsames auf sich hat.«

»Wie soll ich das verstehen?«

»Es ist unmöglich, eine Porträtaufnahme von ihr zu machen.«

»Ist das alles?«, fragte mein Mann.

»Nein, keineswegs«, antwortete Smith, »ich habe Miss Spencer heute nicht zum ersten Mal gesehen. Vor fünf Jahren, als ich noch bei einer anderen Firma, einem bekannten Fotografen im Westend, angestellt war, kam sie schon einmal zu mir, um sich fotografieren zu lassen. Auch damals kam ich nicht zurecht und musste ihr das leider auch sagen.«

»Aber warum kamen Sie nicht zurecht?«, fragte mein Mann mit wachsendem Interesse.

»Weil sich auf jedem Negativ Punkte zeigen. Heute, als sie so weiß und erschrocken vor mir stand, fiel es mir sogleich wieder ein. Ich habe es trotzdem noch einmal versucht.«

»Und das Ergebnis?«, rief ich.

»Es war wieder so. Ich habe zwei Abzüge gemacht, um sie Ihnen zu zeigen. Aber besser, Sie sehen es sich erst einmal an, Mr Hopes«, sagte er und reichte die Bilder meinem Mann.

Ich sah, wie mein Mann bestürzt dreinschaute. Ich konnte die Spannung nicht länger ertragen, trat schnell zu ihm hin und schaute ihm über die Schulter. Die Fotografie war über und über mit Punkten besät, und jeder Punkt war das winzige, aber äußerst scharfe Bild eines Gesichts … das Gesicht eines toten Mannes.

Mir wurde schlecht vor Schreck. Das Zimmer drehte sich, und ich glaube, ich wurde ohnmächtig.

Am nächsten Tag brachte mich mein Mann zu Bekannten aufs Land, und als ich nach vierzehn Tagen zurückkam, stand Montresor Lodge leer. Ich habe Miss Spencer nie wiedergesehen, wahrscheinlich werde ich sie wohl auch nie wiedersehen. Was immer sie auch getan haben mag, ich weiß, dass ihre Strafe groß und ihre Buße bitter ist, von ganzem Herzen habe ich Mitleid mit ihr.

AUS DEM TOTENREICH

Otfried Preußler

Frühmesse im Advent

Die Frage, wie es im Jenseits beschaffen sei: Immer wieder wurde und wird sie gestellt. Und die Antwort darauf? Selbst wenn sie »von drüben« erfolgt, bleibt alles im Zwielicht des Ungefähren, des Rätselhaften. Geschichten von Auskünften über das Jenseits sind weit verbreitet, ebenso das Motiv der Gespenstermette. Zu gewissen Zeiten des Jahres, meist im Advent oder in der Silvesternacht, verlassen die Toten ihr dunkles Reich und versammeln sich in der Kirche zu nächtlichem Gottesdienst. Zuweilen geschieht es wohl, dass sich ein Lebender unter die Schar der Abgeschiedenen verirrt. Und ob Zufall oder nicht: Fast immer sind es verwitwete Mütterchen oder alte Jungfern, denen solches widerfährt – so auch in der folgenden Geschichte, in der sich die beiden Sagentypen miteinander verbunden haben.

Im schlesischen Georgental lebten einst zwei alte Fräuleins, die hatten sich miteinander verabredet: Welche von ihnen als Erste stirbt, soll der anderen Kunde geben, wie es drüben im Jenseits beschaffen sei. Und wie nun das eine Fräulein gestorben war, hat die andere auf den ihr zugesagten Bescheid gewartet. Darüber wurde es Herbst und Winter. Schon glaubte die Übriggebliebene sich vergessen, da hörte sie eines Nachts im Traum eine Stimme, die sie beim Namen rief. Die Stimme schien von weit her zu kommen, aus einer anderen Welt. Am kommenden Morgen, so ließ sich die Stimme vernehmen, möge das Fräulein in die Rorate gehen, so heißen in manchen katholischen Gegenden die Frühmessen im Advent.

Nun gut, einer solchen Stimme muss man gehorchen, zumal es ja keine Sünde ist, was da verlangt wird. Und wie nun das alte Fräulein am nächsten Morgen die Zeit zur Rorate gekommen meint, legt sie das wärmste Kleid an, das sie im Schrank hat, hüllt sich in ihren Pelz und begibt sich zum Gotteshaus. Es ist hell draußen, mondhell und hell vom Schnee, die Straßen des Städtchens jedoch sind still und menschenleer. »Oje«, denkt das alte Fräulein erschrocken. »Da werd ich mich wohl verspätet haben ...« Dies scheint auch wirklich der Fall zu sein. Wie sie zum Kirchplatz kommt, ist das Gotteshaus hell erleuchtet, Orgelspiel tönt ihr entgegen, sie hört Gesang. Auf Zehenspitzen betritt sie die Kirche, die Bänke sind dicht besetzt. Doch seltsam! Unter den vielen Betern findet sich kein bekanntes Gesicht. Auch der Geistliche am Altar ist ihr fremd, so fremd wie die Sänger und Ministranten.

Dem Fräulein fällt auf, dass die meisten Leute gekleidet sind wie auf alten Bildern: Die Weiber tragen gestärkte Spitzenhauben mit goldenen Borten, die Männer weiße, kunstvoll gefältelte Halskrausen. Und alle sind sie von Angesicht grau und fahl, wie verschleiert von Spinnweben.

»Großer Gott!«, muss das Fräulein denken und ahnt schon, wohin sie geraten ist. Und plötzlich spürt sie, wie eine kalte Hand sich ihr auf die Schulter legt: so kalt, dass es durch den Pelz und das Kleid hindurchdringt bis auf die Haut.

»Weg hier!« Es ist die verstorbene Freundin, hastig zieht sie die Lebende mit sich fort, zur Tür hin. Dort raunt sie ihr zu: »Du hast von mir wissen wollen, wie's drüben ist ...'s ist anders, als du gedacht hast – 's ist anders, als ich gedacht hab. Aber sie nehmen es sehr genau dort.«

Dann drängt sie die Freundin, sich auf und davon zu machen. Den Pelz aber, falls ihr das Leben lieb sei – den Pelz soll sie auf der Schwelle des Gotteshauses zurücklassen! Das alte Fräulein gehorcht ihr, sie streift den Pelz ab und eilt nach Hause. Nun weiß sie, dass sie sich in der Zeit vertan haben musste, dass sie zu früh zur Rorate gekommen und irrtümlich in die Gespenstermette geraten war. Na, gottlob ist ja alles noch einmal zu einem guten Ende gediehen, drei Kreuze drüber!

Zur Rorate ist sie an diesem Morgen nicht mehr gegangen, das alte Fräulein. Aber die Nachbarn haben es ihr erzählt: Als sie zur Kirche gekommen seien, da habe dort ein zerrissener Pelz vor der Tür gelegen. Zerrissen? Na ja, wie von Krallen zerfetzt, wie zerfleddert von wilden Tieren ...

Das Fräulein hört es mit Schaudern. Sie weiß, wer den Pelz zerfetzt und zerfleddert hat. Das sind keine wilden Tiere gewesen, das haben die Toten getan, beim Verlassen der Kirche. Und wenn sie das alte Fräulein erwischt hätten statt des Pelzes, so wären sie mit dem alten Fräulein nicht anders verfahren. Dies ist gewisslich wahr.

Richard Middleton
Auf der Landstraße

Langsam war die Sonne über die kahlen weißen Hügelketten gestiegen, und wenig erinnerte dabei an den sonst so geheimnisvollen Zauber der Morgendämmerung, bis sie endlich hell über einer glitzernden Welt von Schnee stand. Während der Nacht hatte es stark gefroren, und die Vögel, die hier und da ermattet von der unbarmherzigen Kargheit des Lebens umherhüpften, hinterließen keine Spuren auf der silberglänzenden Decke. An einigen Stellen unterbrachen schützende Hecken die weiße Eintönigkeit, die sich über die farbige Erde gebreitet hatte, und der Himmel wandelte sich von Orange über ein tiefes Blau zu einem so blassen Hellblau, dass er eher zu einem Vergleich mit einem Schirm aus dünnem Pergament anregte als die Vorstellung von einem grenzenlosen Raum gab. Über die flachen Felder strich ein kalter, lautloser Wind, der feinen Schneestaub von den Bäumen rieseln ließ, jedoch kaum die weiß geschmückten Hecken bewegte. Nachdem sie einmal den Horizont überschritten hatte, schien die Sonne schneller emporzuklimmen, und während sie höher stieg, begannen ihre wärmenden Strahlen sich mit der Schärfe des Windes zu verschmelzen.

Es mag wohl dieser ungewöhnlich rasche Temperaturwechsel gewesen sein, der den Landstreicher aus seinen Träumen aufstörte; denn einen Augenblick lang kämpfte er zappelnd mit dem Schnee, der ihn bedeckte, wie jemand, der sich in sein Bettzeug verfangen hat. Mit starrem, fragendem Blick setzte er sich auf. »Mein Gott!«, sagte er zu sich, als er die öde Landschaft wahrnahm. »Ich dachte, ich wäre im Bett. Stattdessen habe ich die ganze Zeit hier draußen gelegen.« Er streckte seine Glieder, stand vorsichtig auf und schüttelte den Schnee ab. Der kalte Wind ließ ihn erzittern, und ihm wurde bewusst, wie warm sein Lager gewesen war.

»Anscheinend bin ich noch ganz gut in Form«, dachte er. »Ich kann wohl von Glück sagen, dass ich überhaupt bei diesem Wetter aufgewacht bin. – Oder auch nicht.« Er hob den Kopf und sah die Hügelkette glänzend von dem Blau des Himmels abstechen, wie die Alpen auf einer Ansichtskarte. »Noch einmal vierzig Meilen!«, knurrte er grimmig. »Weiß der Himmel, was ich gestern getan habe. Bin marschiert, bis ich fertig war, und jetzt stehe ich hier, erst zwölf Meilen von Brighton weg. Zum Teufel mit dem Schnee, zum Teufel mit Brighton, zum Teufel mit allem!« Die Sonne stieg höher und höher, und geduldig machte er sich wieder auf seinen Weg, den Rücken der Hügelkette zugekehrt.

»Bin ich froh oder traurig, dass ich noch einmal aufgewacht bin – froh oder traurig, froh oder traurig?« Seine Gedanken kreisten im Takt seiner Schritte um diese Frage, doch er suchte keine Antwort darauf. Es genügte vollauf, danach zu marschieren.

Kurz darauf, als drei Meilensteine vorübergeschlendert waren, überholte er einen Jungen, der sich bückte, um eine Zigarette anzuzünden. Er trug keinen Mantel und sah unsagbar zerbrechlich gegen den harten, festen Schnee aus. »Auch auf der Walze, Chef?«, fragte der Junge heiser, als der Landstreicher vorbeiging.

»Ich glaube schon«, sagte der Landstreicher.

»Gut, dann will ich ein Stück mit Ihnen kommen, wenn Sie nicht zu schnell gehen. Es ist ein bisschen einsam, um diese Tageszeit allein zu tippeln.« Der Landstreicher nickte, und der Junge begann, neben ihm herzuhinken.

»Ich bin achtzehn«, sagte er beiläufig. »Ich wette, Sie hätten mich für jünger gehalten.«

»Fünfzehn, hätte ich gesagt.«

»Die Wette hätten Sie verloren. Achtzehn letzten August, und ich bin schon sechs Jahre auf der Straße. Ich rannte fünfmal von zu Hause weg, als ich klein war, doch die Polizei brachte mich jedes Mal wieder zurück. Sie war sehr nett zu mir, die Polizei. Jetzt hab ich kein Zuhause mehr, von dem ich weglaufen kann.«

»Ich auch nicht«, sagte der Landstreicher gelassen.

»Oh, ich kann sehen, was Sie sind«, keuchte der Junge. »Sie sind ein heruntergekommener Herr. Es ist schwerer für Sie als für mich.« Der Landstreicher warf einen Blick auf die hinkende, schwächliche Gestalt und verlangsamte seine Schritte.

»Ich bin noch nicht so lange dabei wie du«, gab er zu.

»Nein, das sehe ich schon an Ihrer Art zu gehen. Sie sind noch nicht müde geworden. Sie erwarten wohl etwas am anderen Ende?«

Der Landstreicher überlegte einen Augenblick. »Ich weiß nicht«, sagte er bitter. »Ich warte immer auf irgendetwas.«

»Das gibt sich mit der Zeit«, kommentierte der Junge. »Es ist wärmer in London, aber es ist schwerer, dort was zum Futtern zu kriegen. Es lohnt sich eigentlich nicht.«

»Trotzdem, man hat dort wenigstens die Chance, jemand zu treffen, der versteht, dass …«

»Die Leute auf dem Lande sind besser«, fiel ihm der Junge in die Rede. »Gestern Abend durfte ich umsonst in einem Stall unterkriechen, und heute Morgen holte der Bauer mich ins Haus und gab mir Frühstück, weil ich so klein bin. Natürlich, hier zähle ich; aber in London! Nachts der Nebel über dem Themseufer, und die ganze übrige Zeit jagt einen die Polente hoch.«

»Letzte Nacht fiel ich am Straßenrand hin und schlief auf der Stelle ein«, sagte der Landstreicher. »Ein Wunder, dass ich nicht gestorben bin.«

Der Junge sah ihn forschend an. »Woher wissen Sie, dass Sie es nicht sind?«

»Das verstehe ich nicht«, sagte der Landstreicher nach einigem Besinnen.

»Hören Sie«, sagte der Junge heiser, »Leute wie wir können von diesem Leben nicht loskommen, wenn wir auch wollen. Immer hungrig und durstig und hundemüde und immer auf der Achse. Und trotzdem, wenn mir jemand ein schönes Heim und Arbeit anbietet, kommt mir's hoch. Sehe ich vielleicht stark aus? Ich weiß, ich bin klein für mein Alter, aber ich habe mich sechs Jahre lang so herumgeschlagen. Glauben Sie nicht, dass ich inzwischen gestorben sein könnte? Einmal bin ich beim Baden in Margate ertrunken, und ein andermal hat mich ein Zigeuner mit einer Radspeiche erschlagen; er hieb mir glatt den Schädel ein. Und zweimal bin ich erfroren wie Sie letzte Nacht, und ein Auto hat mich auf dieser Straße überfahren. Und doch wandere ich jetzt auf derselben Straße nach London – nach London, um von dort wieder loszuziehen, weil ich es nicht lassen kann. Tot! Glauben Sie mir, wir können nicht los von diesem Leben, wenn wir es auch wollen.«

Ein krampfartiger Husten schüttelte den Jungen, und der Landstreicher blieb stehen, bis er sich erholt hatte.

»Du solltest lieber für 'ne Weile meinen Mantel borgen, Kleiner«, sagte er. »Du hast einen ganz schönen Husten.«

»Hol Sie der Teufel!«, sagte der Junge wütend und paffte an seiner Zigarette. »Es geht schon. Ich sprach gerade von der Landstraße. Sie haben es noch nicht begriffen, aber Sie werden schon noch dahinter kommen. Wir sind alle tot, alle, die wir auf der Landstraße liegen, und wir sind alle müde, und dennoch können wir sie nicht verlassen. Wie das duftet im Sommer, Heu und Staub, und der Wind kühlt einem das Gesicht an einem heißen Tag; es tut gut, an einem schönen Morgen im nassen Gras aufzuwachen. Ich weiß nicht – ich weiß nicht …« Plötzlich taumelte er, und der Landstreicher fing ihn in seinen Armen auf.

»Mir ist schlecht«, flüsterte der Junge, »schlecht.«

Der Landstreicher sah sich auf der Straße um, aber er konnte keine Häuser sehen oder irgendetwas, woher Hilfe kommen konnte. Doch während er noch unschlüssig mit dem Jungen mitten auf der Straße stand, blitzte in der Ferne ein Auto auf und glitt rasch durch den Schnee heran.

»Was ist denn los?«, fragte der Fahrer ruhig, als er die Bremse anzog. »Ich bin Arzt.« Er blickte den Jungen prüfend an und lauschte kurz auf seinen gepressten Atem. »Lungenentzündung«, konstatierte er. »Ich nehme ihn mit ins Krankenhaus. Sie können auch mitkommen, wenn Sie wollen.«

Der Landstreicher dachte an das Arbeitshaus und schüttelte den Kopf. »Ich möchte lieber laufen«, sagte er.

Der Junge blinzelte schwach, als sie ihn in den Wagen hoben.

»Wir treffen uns hinter Reigate«, raunte er dem Landstreicher zu. »Sie werden sehen.« Und lautlos entschwand der Wagen im Weiß der Straße.

Den ganzen Vormittag lang stapfte der Landstreicher durch den tauenden Schnee, aber um die Mittagszeit erbettelte er etwas Brot an der Tür eines Bauernhauses und kroch in eine einsame Scheune, um es zu verzehren. Drinnen war es warm, und nach seinem Mahl schlief er im Heu ein. Es war schon dunkel, als er aufwachte. Von neuem begann er sich auf der matschigen Straße weiterzuschleppen.

Zwei Meilen hinter Reigate schlüpfte eine Gestalt, eine zerbrechliche kleine Gestalt, aus der Dunkelheit und trat auf ihn zu.

»Auf der Walze, Chef?«, sagte eine heisere Stimme. »Dann will ich ein Stück mit Ihnen kommen, wenn Sie nicht zu schnell gehen. Es ist ein bisschen einsam, um diese Tageszeit allein zu tippeln.«

»Aber die Lungenentzündung!«, schrie der Landstreicher entsetzt.

»Ich starb heute Morgen in Crawley«, sagte der Junge.

Vincent O'Sullivan

Als ich tot war

… doch will mein Herz
Sich nicht gestehn, dass es die Krankheit hegt,
Die meinem Leben droht.
Shakespeare, Ende gut, alles gut

Das war das Schlimmste an Ravenel Hall. Die Gänge waren lang und düster, die Räume muffig und langweilig, selbst die Bilder dunkel und ihre Sujets grausig. Wenn an Herbsttagen der klagende Wind durch die Parkbäume sauste und die toten Blätter pfiffen und schnatterten, während der Regen an den Fenstern lärmte – was Wunder, dass Leute mit schwachen Nerven komisch im Kopf wurden. Schon an Deck einer Jacht unter sonnigem Himmel ist ein verfeinertes Nervensystem eine arge Last – in Ravenel neigte die Nervenkette dazu, einen schrillen Trauermarsch zu rasseln. In einer Gesellschaft von Teetrinkern müssen Nerven ja verweichlicht werden, und ebenjenes Gespenst, dem unser mit Portwein voll getankter Großvater ohne Zittern ins Auge blicken konnte, bringt uns in unserer Nüchternheit zum Schwitzen und Flattern; oder aber es fängt an, sich vor unseren hervorquellenden Augen und herunterfallenden Kinnladen zu fürchten (armes Gespenst!) und macht jede Erwartung zunichte, indem es überhaupt nicht erscheint. Ich kann daher nichts anderes annehmen, als dass der Tee daran schuld war, wenn meine Bekannten Angst hatten, in Ravenel zu bleiben. Selbst Wilvern gab auf, und da er im Garderegiment ist und ein Polospieler, sollten seine Nerven eigentlich stark genug sein. Am Abend vor seiner Abreise erklärte ich ihm gerade meine Theorie, dass man, wenn man ein paar Tropfen menschlichen Blutes dicht neben sich fallen lässt und dann seine Gedanken darauf konzentriert, nach einiger Zeit einen Mann oder eine Frau vor sich sieht, die viele Stunden der Nacht bei einem bleiben und einem selbst bei Tage an unerwarteten Orten begegnen. Ich wiederhole, ich erklärte ihm gerade diese Theorie, als er mich mit Worten unterbrach, in sich sinnlos genug, die mich sofort auf der Hut sein ließen und zu allerlei Ausweichmanövern veranlassten.

»Hör mal, Alistair, alter Junge!«, fing er an. »Du müsstest hier mal raus. Fahr in die Stadt und amüsiere dich ein bisschen – du solltest das wirklich, weißt du.«

»Ja«, entgegnete ich, »und mich in den Hotels an schlechtem Essen vergiften und in den Klubs am dummen Geschwätz, nehme ich an. Nein, danke. Und lass mich dir sagen, dass mich deine Sorge um meine Gesundheit entnervt.«

»Na schön, mach, was du willst«, sagte er und pochte mit dem Fuß auf den

Boden. »Ich lass mich hängen, wenn ich noch länger als bis morgen hier bleibe – ich werde sonst total verrückt.«

Er war mein letzter Besucher. Einige Wochen nach seiner Abreise saß ich in der Bibliothek mit meinen Blutstropfen neben mir. Ich hatte inzwischen meine Theorie fast vervollkommnet, aber es gab noch eine Schwierigkeit.

Die Gestalt, die ich immer vor Augen hatte, war die Gestalt einer alten Frau mit in der Mitte gescheiteltem Haar, das ihr auf die Schultern hinabfiel, weiß auf der einen Seite, schwarz auf der anderen. Sie war eine sehr vollständige alte Frau, aber ach, sie hatte keine Augen, und wenn ich versuchte, die Augen zu formen, dann schrumpelte und verweste sie unter meinem Blick. Aber heute Abend dachte ich und dachte, wie ich noch nie zuvor gedacht hatte, und ihre Augen krochen gerade in ihren Kopf, als ich draußen ein furchtbares Krachen hörte, wie wenn etwas Schweres heruntergefallen sei. Plötzlich wurde die Tür aufgerissen, und zwei Dienstmädchen kamen herein. Sie blickten auf den Vorleger unter meinem Stuhl, wurden bei dessen Anblick kränklich weiß im Gesicht, riefen Gott an und drängten hinaus.

»Wie könnt ihr es wagen, so die Bibliothek zu betreten?«, fragte ich streng. Es kam keine Antwort, und so machte ich mich auf, ihnen zu folgen. Ich fand die gesamte Dienerschaft des Hauses am Ende des Ganges auf einem Haufen versammelt.

»Mrs Pebble«, sagte ich scharf zu der Haushälterin, »ich wünsche, dass diese beiden Frauen morgen entlassen werden. Es ist unerhört! Sie sollten etwas sorgfältiger sein.«

Aber sie achtete nicht auf mich. Ihr Gesicht war vor Entsetzen verzerrt.

»Ach je! Ach je!«, machte sie dauernd, und dann sagte sie zu den andern: »Wir gehen besser alle zusammen in die Bibliothek.«

»Bin ich noch Herr in meinem eigenen Haus, Mrs Pebble?«, erkundigte ich mich und schlug mit der Faust auf den Tisch.

Keiner von ihnen schien mich zu sehen oder zu hören, ich hätte ebenso gut in einer Wüste kreischen können. Ich folgte ihnen den Korridor hinunter und verbot ihnen mit starken Worten, die Bibliothek zu betreten. Aber sie strömten an mir vorbei und standen schnatternd um den Kaminvorleger. Dann fingen drei oder vier von ihnen an zu zerren und zu heben, als höben sie einen hilflosen Körper hoch, und stolperten mit ihrer imaginären Last zum Sofa hinüber. Der alte Soames, mein Butler, stellte sich daneben.

»Armer junger Herr!«, sagte er mit einem Schluchzen. »Ich tu ihn kennen, seit er ein Baby ist. Zu denken, dass er jetzt tot ist – und noch so jung!«

Ich durchquerte das Zimmer. »Was soll das alles, Soames?«, schrie ich und schüttelte ihn grob an den Schultern. »Ich bin nicht tot. Ich bin hier – hier!« Als er sich nicht bewegte, bekam ich es ein wenig mit der Angst. »Soames, alter Freund!«, rief ich. »Kennst du mich nicht. Kennst du nicht den kleinen Jungen, mit dem du zu spielen pflegtest? Sag, dass ich nicht tot bin, Soames, bitte, Soames!«

Er beugte sich hinab und küsste das Sofa. »Ich glaube, einer der Männer sollte rüber ins Dorf reiten und den Doktor holen, Mr Soames«, sagte Mrs Pebble, und er schlurfte hinaus, um die Anweisung zu geben.

Nun war aber dieser Doktor ein unwissender Hund, den aus dem Hause zu weisen ich mich gezwungen gesehen hatte, weil er überall herumlief und seinen Glauben an einen rettenden Gott verkündete, während er sich gleichzeitig als einen Mann der Wissenschaft ausgab. Er, das stand für mich fest, sollte niemals meine Schwelle überschreiten, und ich folgte Mrs Pebble durch das Haus und brüllte Verbote. Aber ich erhaschte nicht einmal ein Knurren von ihr, kein Kopfnicken, keinen Blick, um mir zu zeigen, dass sie gehört hatte.

Ich traf den Doktor an der Tür zur Bibliothek. »Na«, höhnte ich, indem ich ihm mit der Hand ins Gesicht schlug, »sind Sie hergekommen, um mir ein paar neue Gebete beizubringen?«

Er ging, mich streifend, an mir vorbei, als hätte er den Schlag gar nicht gespürt, und kniete bei dem Sofa nieder.

»Geplatztes Blutgefäß im Gehirn, glaube ich«, sagte er nach einem kurzen Augenblick zu Soames und Mrs Pebble. »Er ist schon ein paar Stunden tot. Armer Kerl! Sie sollten wohl nach seiner Schwester telegrafieren, und ich werde den Leichenbestatter heraufschicken, damit der Leichnam fertig gemacht wird.«

»Du Lügner!«, schrie ich gellend. »Du winselnder Lügner! Woher nimmst du die Unverschämtheit, meinen Dienstboten zu sagen, ich sei tot, wenn du mich hier von Angesicht zu Angesicht siehst?«

Er war schon weit den Gang hinunter, mit Soames und Mrs Pebble dicht auf den Fersen, ehe ich geendet hatte – und nicht einer von ihnen drehte sich um.

Diese ganze Nacht saß ich in der Bibliothek. Seltsamerweise hatte ich nicht den Wunsch zu schlafen, noch in der Folgezeit irgendein Verlangen nach Nahrung. Am Morgen kamen die Männer, und obwohl ich sie hinauswies, schickten sie sich an, sich um etwas zu bekümmern, das ich nicht sehe konnte. Und so blieb ich den ganzen Tag in der Bibliothek oder wanderte im Haus umher, und abends kamen die Männer wieder und brachten einen Sarg mit. Da ich es in meiner augenblicklichen Gemütsverfassung für eine Schande hielt, dass ein so schöner Sarg leer stehen sollte, verbrachte ich die Nacht darin und schlief einen sanften, traumlosen Schlaf – den sanftesten Schlaf, den ich jemals geschlafen hatte. Und als die Männer am nächsten Tag kamen, ruhte ich noch immer, und der Leichenbestatter rasierte mich. Ein sonderbarer Kammerdiener!

Am Abend darauf bemerkte ich, als ich gerade die Treppe herunterkam, in der Halle Gepäck und erfuhr auf diese Weise, dass meine Schwester angekommen war. Ich hatte diese Frau seit ihrer Heirat nicht mehr gesehen, und ich verabscheue sie mehr, als ich irgendeine andere Kreatur in dieser schlecht organisierten Welt verabscheue. Sie war sehr schön, glaube ich jedenfalls – hoch gewachsen, dunkelhaarig und gerade wie ein Ladestock – und sie hatte eine unbändige Leidenschaft für Skandale und Kleider. Ich nehme an, der Grund für meine tiefe Abneigung war der, dass sie die Angewohnheit hatte, einen schon auf ihre Anwesenheit aufmerksam zu machen, wenn sie noch meterweit entfernt war. Um halb zehn kam meine Schwester in einem ganz entzückenden Schal in die Bibliothek herunter, und ich stellte bald fest, dass sie genauso unempfänglich für meine Anwesenheit war wie die andern. Ich zitterte vor Wut, als ich sie am Sarg niederknien sah – an meinem Sarg; aber als sie sich vorbeugte, um das Kopfkissen zu küssen, ließ ich alle Beherrschung fahren.

Auf dem Tisch lag ein Messer, das zum Zerschneiden von Bindfaden benutzt worden war; ich ergriff es und jagte es ihr in den Hals. Sie floh schreiend aus dem Raum.

»Kommt! kommt!«, rief sie mit vor Schmerz zitternder Stimme aus. »Die Leiche blutet aus der Nase.«

Da verfluchte ich sie.

Am Morgen des dritten Tages gab es viel Schnee. Gegen elf Uhr bemerkte ich, dass sich das Haus mit Schwarzgekleideten, mit gemieteten Trauergästen und mit Leuten aus der ländlichen Umgebung füllte, die zum Leichenbegängnis kamen. Ich ging in die Bibliothek, setzte mich still hin und wartete. Bald kamen die Männer, schlossen den Sargdeckel und trugen den Sarg auf den Schultern hinaus. Und noch immer saß ich da und fühlte, auf unbestimmte Weise traurig, dass etwas fortgetragen worden war, das zu mir gehörte: Ich wusste nicht recht, was. Eine halbe Stunde vielleicht – träumend, träumend, und dann glitt ich zur Tür der Eingangshalle. Von dem Begräbnis war keine Spur zurückgeblieben; aber nach einer Weile sichtete ich einen schwarzen Faden, der sich langsam über die weiße Ebene wand.

»Ich bin nicht tot!«, klagte ich und rieb mein Gesicht in dem reinen Schnee, häufte ihn auf meinen Nacken und mein Haar. »Lieber Gott, ich bin doch nicht tot.«

163

Knut Hamsun

Das Gespenst

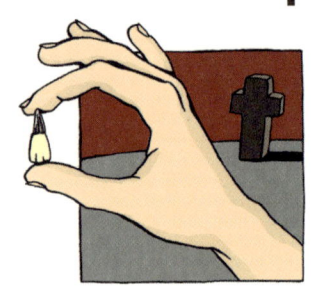

Mehrere Jahre meiner Kindheit verbrachte ich bei meinem Onkel auf dem Pfarrhof im Nordland. Es war eine harte Zeit für mich, viel Arbeit, viel Prügel und selten eine Stunde zu Spiel und Vergnügen. Da mein Onkel mich so streng hielt, bestand allmählich meine einzige Freude darin, mich zu verstecken und allein zu sein; hatte ich ausnahmsweise einmal eine freie Stunde, so begab ich mich in den Wald, oder ich ging auf den Kirchhof und wanderte zwischen Kreuzen und Grabsteinen herum, träumte, dachte und unterhielt mich laut mit mir selber.

Der Pfarrhof lag ungewöhnlich schön, dicht bei der Glimma, einem breiten Strom mit vielen großen Steinen, dessen Brausen Tag und Nacht, Nacht und Tag ertönte. Die Glimma floss einen Teil des Tags südwärts, den übrigen Teil nordwärts, je nachdem Flut oder Ebbe war – immer aber brauste ihr ewiger Gesang, und ihr Wasser rann mit gleicher Eile im Sommer wie im Winter dahin, welche Richtung es auch nahm.

Oben auf einem Hügel lagen die Kirche und der Kirchhof. Die Kirche war eine alte Kreuzkirche aus Holz, und die Gräber waren ohne Blumen; hart an der steinernen Mauer aber pflegten die üppigsten Himbeeren zu wachsen, die ihre

Nahrung aus der fetten Erde der Toten sogen. Ich kannte jedes Grab und jede Inschrift, und ich erlebte, dass Kreuze, die ganz neu aufgestellt wurden, im Laufe der Zeit sich zu neigen begannen und in einer Sturmnacht umstürzten.

Waren da auch keine Blumen auf den Gräbern, so wuchs doch im Sommer hohes Gras auf dem ganzen Kirchhof. Es war so hoch und so hart, dass ich oft da saß und dem Winde lauschte, der in diesem sonderbaren Grase sauste, das mir bis an die Hüften ging. Und mitten in dies Gesause hinein konnte die Wetterfahne auf dem Kirchturm knarren, und dieser rostige, eiserne Ton klang jammernd über den Pfarrhof hin. Es war, als ob dies Stück Eisen mit den Zähnen knirschte.

Wenn der Totengräber bei der Arbeit war, hatte ich oft eine Unterhaltung mit ihm. Er war ein ernster Mann, er lächelte selten, aber er war sehr freundlich gegen mich, und wenn er so dastand und Erde aus dem Grabe aufschaufelte, kam es wohl vor, dass er mir zurief, ein wenig aus dem Wege zu gehen, denn jetzt habe er ein großes Stück Hüftknochen oder den Schädel eines Toten auf dem Spaten.

Ich fand oft Knochen und Haarbüschel von Leichen auf den Gräbern, die ich dann wieder in die Erde eingrub, wie es der Totengräber mich gelehrt hatte. Ich war hieran so gewöhnt, dass ich kein Grausen empfand, wenn ich auf diese Menschenreste stieß. Unter dem einen Ende der Kirche befand sich ein Leichenkeller, wo Unmengen von Knochen lagen, und in diesem Keller saß ich gar manches Mal, spielte mit den Knochen und bildete aus dem zerbröckelten Gebein Figuren auf dem Boden.

Eines Tages aber fand ich einen Zahn auf dem Kirchhof.

Es war ein Vorderzahn, schimmernd weiß und stark. Ohne mir weiter Rechenschaft darüber abzulegen, steckte ich den Zahn zu mir. Ich wollte ihn zu etwas gebrauchen, irgendeine Figur daraus zurechtfeilen und ihn in einen der wunderlichen Gegenstände einfügen, die ich aus Holz schnitzte.

Ich nahm den Zahn mit nach Hause.

Es war Herbst, und die Dunkelheit brach früh herein. Ich hatte noch allerlei anderes zu besorgen, und es vergingen wohl ein paar Stunden, bis ich mich in die Gesindestube hinüberbegab, um an meinem Zahn zu arbeiten. Indessen war der Mond aufgegangen; es war Vollmond.

In der Gesindestube war kein Licht, und ich war ganz allein. Ich wagte nicht, ohne weiteres die Lampe anzuzünden, ehe die Knechte hereinkamen; aber mir genügte das Licht, das durch die Ofenklappe fiel, wenn ich tüchtig Feuer anmachte. Ich ging deshalb in den Schuppen hinaus, um Holz zu holen.

Im Schuppen war es dunkel.

Als ich mich nach dem Holz vorwärts tastete, fühlte ich einen leichten Schlag, wie von einem einzelnen Finger, auf meinem Kopf.

Ich wandte mich hastig um, sah aber niemand.

Ich schlug mit den Armen um mich, fühlte aber niemand.

Ich fragte, ob jemand da sei, erhielt aber keine Antwort.

Ich war barhäuptig, griff nach der berührten Stelle meines Kopfes und fühlte etwas Eiskaltes in meiner Hand, das ich sofort wieder losließ. Das ist doch sonderbar!, dachte ich bei mir. Ich griff wieder nach dem Haar hinauf – da war das Kalte weg.

Ich dachte: Was mag das wohl gewesen sein, das von der Decke herunterfiel und mich auf den Kopf traf?

Ich nahm einen Arm voll Holz und ging wieder in die Gesindestube, heizte ein und wartete, bis ein Lichtschein durch die Ofenklappe fiel.

Dann holte ich den Zahn und die Feile hervor.

Da klopfte es an das Fenster.

Ich sah auf. Vor dem Fenster, das Gesicht fast an die Fensterscheibe gedrückt, stand ein Mann. Er war mir ein Fremder, ich kannte ihn nicht, und ich kannte doch das ganze Kirchspiel. Er hatte einen roten Vollbart, eine rote wollene Binde um den Hals und einen Südwester auf dem Kopfe. Worüber ich damals nicht nachdachte, was mir aber später einfiel: Wie konnte sich mir dieser Kopf so deutlich in der Dunkelheit zeigen, namentlich an einer Seite des Hauses, wo nicht einmal der Vollmond schien? Ich sah das Gesicht mit erschreckender Deutlichkeit, es war bleich, beinahe weiß, und seine Augen starrten mich an.

Es verging eine Minute.

Da fing der Mann an zu lachen.

Es war kein hörbares Lachen, sondern der Mund öffnete sich weit, und die Augen starrten wie vorher, aber der Mann lachte.

Ich ließ fallen, was ich in der Hand hatte, und ein eisiger Schauer durchrieselte mich vom Scheitel bis zur Sohle. In der ungeheuren Mundhöhle des lachenden Gesichts vor dem Fenster entdeckte ich plötzlich ein schwarzes Loch in der Zahnreihe – es fehlte ein Zahn.

Ich saß da und starrte in meiner Angst geradeaus. Es verging noch eine Minute. Das Gesicht wurde stark grün, dann wurde es stark rot; das Lachen aber blieb. Ich verlor die Besinnung nicht, ich bemerkte alles um mich herum; das Feuer leuchtete ziemlich hell durch die Ofenklappe und warf einen kleinen Schein bis auf die andere Wand hinüber, wo eine Leiter stand. Ich hörte auch aus der Kammer nebenan, dass eine Uhr an der Wand tickte. Ganz deutlich sah ich alles; ich bemerkte sogar, dass der Südwester, den der Mann vor dem Fenster aufhatte, oben im Kopfstück von schwarzer, abgenützter Farbe war, dass er aber einen grünen Rand hatte.

Da senkte sich der Kopf nach unten, ganz langsam, immer weiter, sodass er sich schließlich unterhalb des Fensters befand. Es war, als gleite er in die Erde hinein. Ich sah ihn nicht mehr.

Meine Angst war entsetzlich, ich fing an zu zittern. Ich suchte auf dem Fußboden nach dem Zahn, wagte aber nicht, die Augen von dem Fenster zu entfernen – vielleicht konnte das Gesicht ja wiederkehren.

Als ich den Zahn gefunden hatte, wollte ich ihn gleich wieder nach dem Kirchhof bringen, hatte aber nicht den Mut dazu. Ich saß noch immer allein und konnte mich nicht rühren. Ich hörte Schritte draußen auf dem Hof und meinte, dass es eine der Mägde sei, die auf ihren Holzpantoffeln geklappert kam; ich wagte aber nicht, sie anzurufen, und die Schritte gingen vorüber. Eine Ewigkeit verging. Das Feuer im Ofen fing an auszubrennen, keine Rettung zeigte sich mir.

Da biss ich die Zähne zusammen und stand auf. Ich öffnete die Tür und ging rückwärts aus der Gesindestube heraus, unverwandt nach dem Fenster starrend, an dem der Mann gestanden hatte. Als ich auf den Hof hinausgekommen war, rannte ich nach dem Stall hinüber, um einen der Knechte zu bitten, mich nach dem Kirchhof hinüberzubegleiten. Die Knechte befanden sich aber nicht im Stall.

Jetzt unter freiem Himmel war ich kühn geworden, und ich beschloss, allein nach dem Friedhof hinaufzugehen; dadurch würde ich es auch vermeiden, mich jemandem anzuvertrauen und dann später in des Onkels Finger zu geraten.

So ging ich denn allein den Hügel hinan.

Den Zahn trug ich in meinem Taschentuch.

Oben an der Kirchhofspforte blieb ich stehen – mein Mut versagte mir seinen ferneren Beistand. Ich hörte das ewige Brausen der Glimma, sonst war alles still. In der Kirchhofspforte war keine Tür, nur ein Bogen, durch den man hindurchging; ich stellte mich voll Angst auf die eine Seite dieses Bogens und steckte den Kopf vorsichtig durch die Öffnung, um zu sehen, ob ich es wagen könne weiterzugehen.

Da sank ich plötzlich platt auf die Knie.

Ein Stück jenseits der Pforte stand mein Mann mit dem Südwester. Er hatte wieder das weiße Gesicht, und er wandte es mir zu, gleichzeitig aber zeigte er vorwärts nach dem Kirchhof hinauf.

Ich sah dies als Befehl an, wagte aber nicht zu gehen.

Ich lag lange da und sah den Mann an, ich flehte ihn an, und er stand unbeweglich und still.

Da geschah etwas, was mir wieder ein wenig Mut machte: Ich hörte einen der Knechte unten am Stallgebäude geschäftig umhergehen und pfeifen. Dieses Lebenszeichen bewirkte, dass ich mich erhob. Da entfernte sich der Mann ganz allmählich, er ging nicht, er glitt über die Gräber dahin, immer vorwärts zeigend. Ich trat durch die Pforte. Der Mann lockte mich weiter. Ich tat einige Schritte und blieb dann stehen; ich konnte nicht mehr. Mit zitternder Hand nahm ich den weißen Zahn aus dem Taschentuch und warf ihn mit aller Macht auf den Kirchhof. In diesem Augenblick drehte sich die eiserne Stange auf dem Kirchhof, und der schrille Schrei ging mir durch Mark und Bein. Ich stürzte zur Pforte hinaus, den Hügel hinab und nach Hause. Als ich in die Küche kam, sagten sie mir, mein Gesicht sei weiß wie Schnee.

Es sind jetzt viele Jahre seitdem vergangen, aber ich entsinne mich jeder Einzelheit. Ich sehe mich noch auf den Knien vor der Kirchhofspforte liegen, und ich sehe den rotbärtigen Mann.

Sein Alter kann ich nicht einmal ungefähr angeben. Er konnte zwanzig Jahre alt sein, er konnte auch vierzig sein. Da es nicht das letzte Mal sein sollte, dass ich ihn sah, habe ich auch später noch über diese Frage nachgedacht; aber noch immer weiß ich nicht, was ich über sein Alter sagen soll.

Manchen Abend und manche Nacht kam der Mann wieder. Er zeigte sich, lachte mit seinem weit geöffneten Munde, in dem ein Zahn fehlte, und verschwand. Es war Schnee gefallen, und ich konnte nicht mehr auf den Kirchhof gehen und ihn in die Erde legen. Und der Mann kam wieder und wieder, aber mit immer längeren Zwischenräumen, den ganzen Winter hindurch. Meine haarsträubende Angst vor ihm nahm ab; aber er machte mein Leben sehr unglücklich, ja unglücklich bis zum Überdruss. In jenen Tagen war es mir oft eine gewisse Freude, wenn ich daran dachte, dass ich meiner Qual ein Ende machen könnte, indem ich mich in die Glimma stürzte …

Dann kam der Frühling, und der Mann verschwand gänzlich.

Gänzlich? Nein, nicht gänzlich, aber für den ganzen Sommer. Den nächsten Winter stellte er sich wieder ein. Nur einmal zeigte er sich, dann blieb er lange Zeit fern. Drei Jahre nach meiner ersten Begegnung mit ihm verließ ich das Nordland und blieb ein Jahr fort. Als ich zurückkehrte, war ich konfirmiert und, wie ich selber meinte, groß und erwachsen. Ich wohnte nun nicht mehr bei meinem Onkel auf dem Pfarrhof, sondern daheim bei Vater und Mutter.

Eines Abends zur Herbstzeit, als ich gerade schlafen gegangen war, legte sich eine kalte Hand auf meine Stirn. Ich schlug die Augen auf und erblickte den Mann vor mir. Er saß auf meinem Bett und blickte mich an. Ich lag nicht allein im Zimmer, sondern mit zweien von meinen Geschwistern zusammen; aber ich rief trotzdem nicht. Als ich den kalten Druck gegen meine Stirn fühlte, schlug ich mit der Hand um mich und sagte: »Nein, geh weg!« Meine Geschwister fragten aus ihren Betten, mit wem ich spräche.

Als der Mann eine Weile stillgesessen hatte, fing er an, den Oberkörper hin und her zu wiegen. Dabei nahm er mehr und mehr an Größe zu, schließlich stieß er beinahe an die Decke, und da er offenbar nicht viel weiter kommen konnte, erhob er sich, entfernte sich mit lautlosen Schritten von meinem Bett, durch das Zimmer, nach dem Ofen, wo er verschwand. Ich folgte ihm die ganze Zeit mit den Augen.

Er war mir noch nie so nahe gewesen wie diesmal; ich sah ihm gerade ins Gesicht. Sein Blick war leer und erloschen, er sah zu mir hin, aber wie durch mich hindurch, weit in eine andere Welt hinein. Ich bemerkte, dass er graue Augen hatte. Er bewegte sein Gesicht nicht, und er lachte nicht. Als ich seine Hand von meiner Stirn wegschlug und sagte: »Nein, geh weg!«, zog er seine Hand langsam zurück. Während der Minuten, die er auf meinem Bett saß, blinzelte er niemals mit den Augen.

Einige Monate später, als es Winter geworden und ich wieder von Hause gereist war, hielt ich mich eine Zeit lang bei einem Kaufmann auf, dem ich im Laden und auf dem Kontor half. Hier sollte ich dem Mann zum letzten Mal begegnen.

Ich gehe eines Abends auf mein Zimmer hinauf, zünde die Lampe an und entkleide mich. Ich will wie gewöhnlich meine Schuhe für das Mädchen hinaussetzen, ich nehme die Schuhe in die Hand und öffne die Tür.

Da steht er auf dem Gang, dicht vor mir, der rotbärtige Mann.

Ich weiß, dass Leute im Nebenzimmer sind, daher bin ich nicht bange. Ich murmele: »Bist du schon wieder da!« Gleich darauf öffnet der Mann seinen großen Mund wieder und fängt an zu lachen. Dies macht keinen erschreckenden Eindruck mehr auf mich; und diesmal merke ich: Der fehlende Zahn ist wieder da!

Er war vielleicht von irgendjemand in die Erde hineingesteckt worden. Oder er war in diesen Jahren zerbröckelt, hatte sich in Staub aufgelöst und mit dem übrigen Staub vereint, von dem er getrennt gewesen war. Gott allein weiß das.

Der Mann schloss seinen Mund wieder, während ich noch in der Tür stand, wandte sich um, ging die Treppe hinab und verschwand.

Seither habe ich ihn nie wieder gesehen. Und es sind jetzt viele Jahre vergangen.

Dieser Mann, dieser rotbärtige Bote aus dem Lande des Todes, hat mir durch das unbeschreibliche Grauen, das er in mein Kinderleben gebracht, sehr viel Schaden zugefügt. Ich habe mehr als eine Vision gehabt, mehr als eine seltsame Begegnung mit dem Unerklärbaren – nichts aber hat mich so tief bewegt wie dies.

Und doch hat er mir vielleicht nicht nur Schaden zugefügt – dieser Gedanke ist mir oft gekommen. Vielleicht ist er eine der ersten Ursachen gewesen, dass ich gelernt habe, die Zähne zusammenzubeißen und mich zu bezwingen. In meinem späteren Leben habe ich hin und wieder Verwendung dafür gehabt.

André Maurois
Das Haus

Als ich krank war vor zwei Jahren, erzählte sie, wurde mir bewusst, dass ich jede Nacht den gleichen Traum hatte. Ich ging übers Land; von weitem bemerkte ich ein weißes Haus, niedrig und lang gestreckt, umgeben von einem Lindenwäldchen. Zur Linken des Hauses durchbrach eine von Pappeln begrenzte Wiese angenehm die Symmetrie des Bildes, und ihre Wipfel, die man von weitem erblickte, wiegten sich über den Linden.

Im Traum fühlte ich mich zu diesem Hause hingezogen, und ich schritt darauf zu. Ein weiß gestrichenes Tor versperrte die Einfahrt. Der Weg war mit Bäumen eingefasst, unter denen ich Frühlingsblumen fand: Schlüsselblumen, Leberblümchen und Anemonen, die welkten, sobald ich sie pflückte. Hatte man die Allee durchschritten, war man nicht mehr weit vom Haus entfernt. Ein breiter Rasen lag davor, nach englischer Art geschoren und beinahe kahl. Einzig ein Beet violetter Blumen zog sich durch das Grün.

Das Haus war aus weißen Steinen erbaut und trug ein Schieferdach. Zur Tür aus heller Eiche mit geschnitzter Füllung führte eine Freitreppe hinauf. Ich wollte das Haus besichtigen, doch niemand antwortete meinem Klopfen. Ich war tief enttäuscht, klingelte, rief und wachte endlich auf.

Das war mein Traum – und er kehrte während vieler Monate immer wieder, er wiederholte sich mit einer Stetigkeit und Genauigkeit, dass ich schließlich dachte, ich hätte in meiner Kindheit dieses Schloss und den Park schon einmal gesehen. Dennoch konnte ich, wenn ich wach war, mich nicht daran erinnern, und das Nachgrübeln wurde zu einer Art von Besessenheit, sodass ich eines Sommers, als ich gelernt hatte, selbst einen kleinen Wagen zu lenken, beschloss, während meiner Ferien ganz Frankreich auf der Suche nach dem Haus meines Traumes zu durchfahren.

Ich erzähle Ihnen nichts von meiner Reise. Ich durchstreifte die Normandie, die Touraine und das Poitou; nichts fand ich und war darüber nicht erstaunt. Im Oktober kehrte ich nach Paris zurück und fuhr fort, während des ganzen Winters von meinem weißen Haus zu träumen … Doch eines Tages, ich fuhr durch ein der Isle-Adam benachbartes Tal, überkam mich ein angenehmer Schreck, jene merkwürdige Erschütterung, die einen ergreift, wenn man nach langer Abwesenheit Menschen oder Orten wiederbegegnet, die man sehr geliebt hat.

Obschon ich niemals in dieser Gegend gewesen war, erschien mir die Landschaft, die sich zu meiner Rechten dehnte, ganz vertraut, Pappelwipfel überragten eine Lindengruppe. Durch das Laubwerk hindurch gewahrte man ein weißes Haus. Da wusste ich, dass ich das Schloss meiner Träume gefunden hatte. Ich wusste genau, dass hundert Meter weiter ein schmaler Weg die Straße kreuzen musste. Der Weg war da. Ich schlug ihn ein. Ich folgte ihm bis vor ein weißes Gartentor.

Dahinter erstreckte sich die Allee, der ich schon oft gefolgt war. Unter den Bäumen bewunderte ich den Teppich zarter Farben, den die Leberblümchen, Himmelsschlüssel und Anemonen bildeten. Als ich das Lindengewölbe durchschritten hatte, bemerkte ich sogleich den grünen Rasen und die Freitreppe, die zu der hellen, eichenen Tür hinaufführte. Ich stieg aus meinem Wagen, lief eilig die Stufen hinauf und klingelte.

Ich fürchtete sehr, dass niemand kommen würde, jedoch fast im gleichen Augenblick öffnete ein Diener. Er blickte traurig drein, war sehr alt und trug einen schwarzen Rock. Er schien sehr erstaunt, mich zu sehen, und betrachtete mich aufmerksam, ohne zu sprechen.

»Ich werde Ihnen jetzt«, sagte ich, »eine recht seltsame Bitte vortragen. Ich kenne die Eigentümer dieses Hauses nicht, aber ich wäre glücklich, wenn Sie mir gestatten würden, es anzusehen.«

»Das Schloss«, sprach er wie bedauernd, »ist zu vermieten, gnädige Frau, und ich bin hier, um es bei Besichtigungen zu zeigen.«

»Man kann es mieten?«, sagte ich. »Welch unerhoffter Zufall ... Warum bewohnen denn die Besitzer nicht selbst ein so schönes Haus?«

»Sie haben es bewohnt, Madame, und sie haben es verlassen, seitdem es hier im Hause spukt.«

»Es spukt hier?«, fragte ich. Das sollte mich nicht abhalten. »Ich wusste nicht, dass man in Frankreich auf dem Lande noch an Geister glaubt.«

»Auch ich nicht, Madame«, sprach er ernst, »wenn ich nicht selber dem Gespenst, das meine Herrschaft vertrieb, so oft des Nachts im Park begegnet wäre.«

»Unglaublich!«, meinte ich und versuchte zu lächeln.

»Nicht ganz so unglaublich«, sagte der Greis in vorwurfsvollem Tone, »dass gerade Sie darüber lachen dürften, denn das Gespenst, Madame, waren Sie.«

Mario Giordano

Das tiefe Haus

Auch wenn ich nun aufschreibe, was bei jener Überfahrt damals geschehen ist, bedeutet das immer noch nicht, dass ich es auch glaube. Ich bin Arzt. Ich habe tausend Gehirne operiert und dabei nie eine Seele gefunden. Ich habe gelernt, nur dem zu glauben, was ich sehe und verstehe. Doch falls das, was ich damals gehört und gesehen habe, wirklich wahr ist, dann muss es jemand erfahren und die richtigen Schlüsse daraus ziehen. Denn mir bleibt nicht mehr viel Zeit.

Dies ist ein Bericht.

Am 4. April 1996 bestieg ich in Genua die Fähre nach Palermo, um die Ostertage wie jedes Jahr im sizilianischen Frühling zu verbringen. Der Mann in dem grauen Anzug fiel mir bereits im Warteraum der Fährgesellschaft auf. Er schien an einer furchtbaren Krankheit zu leiden, denn er war schrecklich dünn und zitterte, obwohl es angenehm warm war, und war so bleich, dass man fast durch ihn hindurchsehen konnte. Der Mann, den ich trotz seiner schlohweißen Haare auf nicht älter als dreißig schätzte, manövrierte sich mit vorsichtigen Bewegungen durch die lärmenden Familienhorden und Rucksacktouristen zu einem freien Platz an der Wand, als tobe ein entsetzlicher Sturm um ihn herum. Jedes

Lachen, jede kleine Explosion von Fröhlichkeit schien ihn bis ins Mark zu erschüttern.

Die Langeweile einer Schiffsreise verfliegt am leichtesten, wenn man sich in eine hübsche Mitreisende verliebt oder einem anderen Passagier nachspioniert. Ich entschied mich für Letzteres, denn der Anblick des Mannes hatte etwas in mir berührt. Ein uraltes Bild hatte sich aus dem Vergessensschlaf gerissen, strudelte hoch, wirbelte in mein Bewusstsein und verwirrte mich zutiefst.

Nach dem Ablegen suchte ich den Mann jedoch vergeblich auf dem ganzen Schiff. Erst am Abend sah ich ihn im Restaurant, allein in einer Ecke, abseits des Rummels, den ein Tisch deutscher Urlauber wie eine lärmende Blase um sich verbreitete. Der bleiche Mann aß kaum, und wenn er die Gabel zum Mund führte, brauchte er schier eine Ewigkeit dafür.

Ich folgte ihm nach dem Essen in die Bar, wo er aus einer stillen Ecke Cognak bestellte und kurze, nachtschwarze Honduras rauchte. Sein Blick wanderte wie suchend herum, und als er einmal etwas länger auf mir haften blieb, gab ich mir einen Ruck und stellte mich vor.

»Mir ist aufgefallen, dass Sie allein reisen«, sagte ich. »Nun, ich dachte, vielleicht haben Sie Lust, sich einem anderen einsamen Wolf anzuschließen und ein bisschen über den Verfall der Sitten zu heulen.« Ich machte eine Bewegung zu den deutschen Urlaubern, die gerade die Bar stürmten. Der bleiche Mann nickte kaum merklich.

»Bitte«, sagte er mit einer Stimme, so dünn und blass wie er selbst. Der Rauch der Honduras schnitt mir in die Nase.

»Das heißt, falls Sie doch lieber allein bleiben wollen …«

Der Mann lächelte dünn. »Ich bin so oft allein. Setzen Sie sich bitte. Sie haben mich schon an Land beobachtet.«

Er verblüffte mich. »Das haben Sie bemerkt?«

»Ja.« Er nippte an seinem Cognak, und mit dem winzigen Schluck schien etwas Farbe in sein Gesicht zu finden.

»Vielleicht war es so eine Art berufliche Neugier«, erklärte ich, um die peinliche Pause zu überspringen. »Ich bin Arzt, und …«

»… ich sehe krank aus«, ergänzte der Mann und lachte unhörbar. Ich fror plötzlich.

»Na ja«, versuchte ich zu scherzen. »Zumindest so, als ob Sie eine Kur gebrauchen könnten.«

»Was für eine Krankheit habe ich denn Ihrer Meinung nach, Doktor?« Er sah mich kaum an und blickte sich wieder um.

Ich schluckte. »Dürfte ich Ihren Puls fühlen?«

Er streckte mir seinen Arm hin, und ich berührte eine Hand, wie ich sie kälter nie erlebt habe. Es war, als befühlte ich ein Stück Eis. Ich gab ihm seine Hand vorsichtig zurück, als könne sie im nächsten Augenblick zerbrechen.

»Nun? Wissen Sie es, Doktor?«

Ich nickte langsam. »Ja«, sagte ich schwer. »Als Schüler verbrachte ich zwei Jahre in einem englischen Internat. Als ich Sie heute Vormittag sah, habe ich mich plötzlich wieder daran erinnert. Da gab es damals …«, ich suchte ein passendes Wort, »… so eine Art Hausmeister. Wir sahen ihn kaum, weil wir ihm zu laut waren. Er war … so wie Sie.«

»Und *was* bin ich?«, hauchte mein Gegenüber.

»Sie sind ein Gespenst.«

Der bleiche Mann nickte und lehnte sich zurück. Es schien, als hätte dieser Satz ihn etwas aufgewärmt.

»Ich habe es Ihnen angesehen, dass Sie es wussten. Man bekommt mit der Zeit einen Blick dafür.«

»Was machen Sie hier auf diesem Schiff?«, fragte ich und bemühte mich um Fassung.

Er lachte wieder sein lautloses Lachen, das mich wie kalter Nebel umwehte. »Warum ich nicht in einem alten Schloss spuke, meinen Sie? Wie Ihr alter Hausmeister. Nun, sehen Sie, ich suche jemand.«

»Darf ich fragen, wen?«

Der bleiche Mann sah mich an. Ich hätte fast aufgeschrien unter diesem Blick. Diese Augen waren so leer und kalt wie ein traumloser, ewiger Schlaf, und doch spiegelte sich tief dahinter etwas weitaus Entsetzlicheres. Entsetzlicher als alles, was ein Mensch sich vorstellen kann.

»Wollen Sie meine Geschichte hören?«, flüsterte er. »Ich erzähle sie Ihnen. Wir haben eine ganze Nacht vor uns, wir haben Zigarren und diesen wunderbaren Cognak, der mich an ein Leben erinnert, wo es so etwas wie Sommer gab.« Er zog an seiner Zigarre, und Rauch vernebelte sein Gesicht. »Aber ich warne Sie. Die Geschichte wird Sie verändern. Sie werden nicht mehr der sein, der sie vorher waren. Also?«

»Erzählen Sie«, sagte ich heiser.

»Mein Name ist José Ramirez«, begann er. »Ich wurde 1953 in Mexiko Stadt geboren, falls Sie je Nachforschungen über mich anstellen wollen. 1972 ging ich nach Europa, um zu studieren. Auf Kosten meines Vaters lebte ich sorglos in Madrid, in Paris und schließlich in Hamburg, hauptsächlich, um Ihre grässliche Sprache zu lernen.«

»Und wie …«

»Geduld!«, mahnte mich Ramirez scharf. »Sie werden schon alles hören. Die Welt der Toten ist kompliziert. Wissen Sie, für uns Mexikaner ist alles viel einfacher. In Mexiko glaubt man noch. Wir backen unseren Toten zu bestimmten Feiertagen süße Totenschädel, und viele Dinge, die Ihnen seltsam oder übernatürlich erscheinen mögen, sind für uns völlig normal. Deshalb komme ich ganz gut mit meinem heutigen Leben klar.«

»*Leben?*«, entfuhr es mir. Er lächelte.

»Ja, ich lebe. Da staunen Sie. Und bin doch tot. Aber ich bin kein Geist. Ebenso wenig wie Ihr alter Hausmeister. Sie können mich berühren, ich spreche zu Ihnen, ich trinke und esse, auch wenn das nicht nötig wäre. Ich tue es nur, um mich zu erinnern. Ich altere sogar, wenn auch unendlich viel langsamer als Sie, und irgendwann werde ich *vergehen*.«

Er nippte wieder an seinem Cognak und blickte sich noch einmal um.

»Und jetzt hören Sie zu, denn die Nacht wird bald um sein.« Er schloss die Augen und sprach hastig und leise an mir vorbei, wie zu sich selbst. »Die erste Zeit in Hamburg verbrachte ich in einer lauten Seemannspension. Ich beschäftigte mich damals mit Totenkulten alter Völker, lernte Deutsch und vergnügte mich in den Lokalen am Hafen. Eines Tages entdeckte ich in einer Zeitung eine

Kleinanzeige, in der ein Zimmer angeboten wurde. Ich fuhr am Abend zu der Adresse und fand mich plötzlich in einem großen, düsteren alten Haus wieder.

Wie es schien, wohnten nur alte Leute dort, so alt wie das Haus selbst. Ja, ich sei der erste Untermieter seit Jahren, bestätigte mir meine Vermieterin, und das Haus sei wirklich sehr, sehr alt. Es sei oft umgebaut worden und stehe auf uralten Fundamenten. Nun, ich hielt die Vorstellung eines so alten Hauses in Hamburg für reichlich überspannt, aber das Zimmer war groß und ruhig und billig, was meinen Vater freuen würde, der längst auf ein Ende des teuren Studiums drängte. Ich zog noch am gleichen Tag ein.

Damals fielen mir zwei Dinge auf: Ein eisiger Luftstrom zog vom Keller hinauf durch das ganze Haus. Und dann die Pupillen meiner Vermieterin. Sie waren viereckig. Ja, viereckig. Ich hielt das zunächst für eine Laune der Natur, doch in den nächsten Wochen bemerkte ich es auch bei meinen Nachbarn. Sie alle hatten *viereckige* Pupillen! Und mit der Zeit fiel mir noch etwas auf: Tagsüber sah ich weder meine Vermieterin noch die anderen Nachbarn. Das Haus war wie ausgestorben. Sobald es jedoch dunkel wurde, kamen sie aus ihren Wohnungen und schlurften nach und nach in den Keller. Mich schienen sie nicht zu beachten, wenn ich ihnen begegnete. Bald fiel mir auch die seltsam glänzende Haut meiner Nachbarn auf, die mich an gegerbte Fischhaut erinnerte. All das beunruhigte mich zunächst nicht, bis ich eines Nachts schreiend aus einem schrecklichen Albtraum auffuhr und nicht mehr einschlafen konnte. Kennen Sie diese Träume, in denen man Sie ruft?«

»Nein!«

»Sie werden sie kennen lernen, glauben Sie mir. Am nächsten Morgen tat ich, was ich seit meiner Abreise aus Mexiko nicht mehr getan hatte – ich betete sehr lange. Dann besorgte ich mir eine starke Taschenlampe und ging in den Keller.

Ich weiß nicht mehr, wie ich den Mut aufbrachte. Vielleicht redete ich mir ein, dass die alten Leute so eine Art Sekte bildeten und nachts einen alten Totenkult abhielten, der vielleicht für eine Doktorarbeit interessant wäre.«

Ramirez lachte. »Eine Doktorarbeit! Wie naiv! Nun, der Keller war riesig. Er verteilte sich wie ein Labyrinth, wie ein Krake in unzähligen Gängen über die gesamte Grundfläche des Hauses. Hinter den Holzverschlägen verstaubten wurmstichige Möbel, verschimmelten alte Bilder und verrosteten uralter Hausrat. Der kalte Luftstrom war nun schon sehr stark. Ich fror erbärmlich, und alles in mir schrie danach, den Keller zu verlassen. Dennoch machte ich weiter, und nach etwa einer Stunde fand ich, wonach ich gesucht hatte. Glauben Sie an die Hölle, mein Freund?«

»Ich... also ... Nein!«, stammelte ich überrascht.

»Glauben Sie, mein Freund!«, rief er. »Glauben Sie! Ich habe sie nämlich gesehen. Und Sie ahnen gar nicht, wie viel Höllen es gibt. Eine von ihnen liegt unter diesem Haus in Hamburg. Ich fand eine Tür. Ich öffnete diese Tür. Fauliger Geruch schlug mir ins Gesicht. Ich fiel auf die Knie. Ich wollte weglaufen, doch das, was mich im Traum gerufen hatte, zog mich nun weiter, und ich betrat die Treppe, die gleich hinter dieser Tür bodenlos und steil in die Tiefe führte. Meine Taschenlampe half mir nicht mehr viel. Das bisschen Licht wurde von den schwarzen Wänden und der stinkend dichten Luft völlig aufgefressen. Ein Luftstrom umwehte mich, als ob ich im Atemzug eines riesigen, entsetzlichen Wesens stünde. Ich stieg diese Treppe hinab, betend wie ein Kind. Stundenlang. Tagelang. Ich weiß nicht. Hin und wieder ging ein Gang seitlich ab, doch ich stieg weiter hinab ins Nichts. An den Wänden sah ich im Schein meiner Lampe furchtbare Zeichnungen und eingeritzte Schriften, wie sie kein menschliches Wesen hervorbringen konnte. Ich musste mich oft übergeben.

Ich will Sie nicht mit meinem Grauen aus einem anderen Leben langweilen. Ich mache es kurz. Die Treppe endete auf sandigem Grund, und ich stand in einer großen felsigen Halle, die von meiner Taschenlampe kaum erhellt wurde. Es war sehr warm, daraus schloss ich, dass ich mich schon in großer Tiefe befinden musste. Die Luft war kaum zu atmen. Und welch bestialischer Gestank! Ringsum hatte irgendwer oder irgendetwas lange Nischen in den Fels getrieben. Die Nischen jedoch waren leer. Auch hier waren die Wände mit Ornamenten und scheußlichen

Zeichnungen bedeckt. Dazwischen auch immer wieder Augen mit viereckigen Pupillen. Ein gewundener seitlicher Gang führte in eine noch größere Halle mit einem felsigen Boden. In dieser Halle nun stand ein mächtiger flacher Fels. Und auf diesem Fels, das wusste ich sofort, hatte *es* gelebt.«

»*Wer?*«, rief ich. »*Was?*«

Ramirez wischte mit einer Hand fahrig durch die Luft. »Satan, Behemot, Seth, Pazúzú – wie auch immer Sie es nennen wollen. In der zweiten Halle entdeckte ich eine Zeichnung von ihm. Es ist mit nichts zu vergleichen. Es ist nicht von dieser Welt. Und es ist das pure Böse.«

»Wo war es?«

»Ich weiß nicht. Vielleicht tot. Oder schon lange fort, weitergewandert. Ich entdeckte an den Wänden auch Zeichnungen, die so etwas wie Karten darstellten, auf denen seine anderen Aufenthaltsorte eingezeichnet waren.«

»Und was taten Sie dann?«

»Ich tötete die Vampire.«

»Wie bitte?«

»Meine Vermieterin und meine Nachbarn. Vampire, Dämonen, Dschinns – auch alles bloß Namen für die Wesen, die aus ihm hervorgehen, wenn es sich mit uns vermischt. Denn das ist, was es will. Es will uns. Viel Zeit war vergangen. Ich musste zurück nach oben, bevor mir meine Nachbarn entgegenkamen. Ich rannte, wie ich nie zuvor gerannt bin, ich brach auf der Treppe zusammen, wurde bewusstlos, erwachte und rannte wieder weiter. Als ich durch die Tür im Keller kroch und aus dem Keller nach draußen, dämmerte es bereits, und ich hörte, wie sich oben im Haus die ersten Türen öffneten. Die Nacht über versteckte ich mich im Garten hinter dem Haus. Am anderen Tag dann besorgte ich Pflöcke und tat meine blutige Pflicht.«

»Und sie merkten nichts?«

»Sie schliefen. Ich trat eine Wohnungstür nach der anderen ein und pfählte sie alle. Ich bin Mexikaner. Ich wusste, was ich zu tun hatte. Glauben Sie mir, alle Mythen sind wahr. Alles, was Menschen je über das Böse erzählt und geschrieben haben, ist wahr. Und Vampire tötet man mit einem Pflock.«

»Aber wie sind Sie …«

Ramirez zuckte die Achseln. »Ich hatte Pech. Einer von ihnen erwachte, als ich den Pflock ansetzte, und griff nach mir. Hier.« Ramirez hielt mir seinen linken Arm hin, auf dem eine schwärzliche, geschwollene Wulst zu sehen war.

»Die Verletzung reichte nicht, um mich zu töten, doch sie machte mich zu dem, was ich jetzt bin. Tot und doch nicht tot.«

»Und seitdem …«

Er zuckte gleichgültig mit den Schultern. »Seitdem pfähle ich Vampire, wo ich sie finde, und jage und töte das Ding, bevor es die ganze Menschheit ausrottet. Denn es gibt viele von ihnen. Die Menschen wussten immer von ihnen und gaben dem Grauen Namen. Doch das Wissen ging verloren. Und die, die es wussten, wurden als Spinner verbrannt und eingesperrt. Aber José Ramirez weiß alles. Ich habe alles gelesen, was je über Dämonen und Teufel geschrieben wurde, wie man sich gegen sie schützt und wie man sie vernichtet. Ich habe dabei auch viel über mich erfahren und weiß, dass auch meine Zeit begrenzt ist. Es vermehrt sich. Sie schlafen ein paar Tausend Jahre, bewacht von viereckigen Pupillen, und irgendwann erwachen sie, eines nach dem anderen. Nach meiner Schätzung hat der Zyklus vor ein paar Jahren wieder eingesetzt. Ich habe ein Ding in Guatemala noch im Schlaf erwischt, ich habe das in Zaire getötet und das uralte Biest in Indien.« Der bleiche Mann erschauderte. »In Sizilien lebt eins unter dem Ätna. Ein sehr altes, kurz vor dem Erwachen.«

Er trank wieder von seinem Cognak. Schweigen entstand und vermischte sich mit dem Rauch der Honduras. Ramirez fasste mich scharf ins Auge.

»Aber ich bin allein. Und allein ist es nicht zu schaffen.«

»Sie sind verrückt«, platzte ich heraus. Laut

genug, dass sich ein paar Gäste nach uns umdrehten. Ich war wütend. »Ich habe mich für einen Moment von Ihrem Aussehen und meinen Kindheitserinnerungen einschüchtern lassen. Aber weder sind Sie ein Gespenst, noch gibt es dieses tiefe Haus. Sie sind einfach krank. Krank und verrückt.« Ich wollte aufstehen.

»Sie können jetzt nicht gehen!«

Ich stand bereits. »Das sehen Sie doch! Gute Nacht.«

Ramirez stand mit einer Behändigkeit auf, die ich ihm nicht zugetraut hätte, und hielt mich am Arm fest. Ich zuckte zusammen, wie unter einem Stromschlag.

»Bleiben Sie!«, zischte Ramirez scharf. »Sie können nicht gehen.«

Ich befreite mich heftig aus seinem Griff und trat schnell einen Schritt zur Seite. Die Stelle, wo er mein Handgelenk umklammert hatte, brannte.

»Leben Sie wohl!«, sagte ich knapp und verließ die Bar, so schnell ich konnte.

»Sie können nicht gehen!«, rief mir Ramirez nach.

Ich beeilte mich, in meine Kabine zu kommen, schloss mich ein und horchte, ob er mir folgen würde. Doch er kam nicht, und so blieb ich allein mit einem Sturm von Gedanken, wilden Bildern und uralten Ängsten meiner Kindheit. Ich dachte, dass ich nicht schlafen würde, doch irgendwann erwachte ich in unbequemer Haltung auf dem Bett. Draußen rannte jemand über den Flur an meiner Tür vorbei. Die Sonne funkelte bereits durch das gischtnasse Bullauge. Sechs Uhr. Noch etwa zwei Stunden bis Palermo. Ich wusch mein Gesicht, zog ein frisches Hemd an, packte meinen Koffer und trat auf den Gang. Ich wollte frühstücken, und ich wollte Ramirez noch einmal sprechen.

Irgendetwas war geschehen. Im Speisesaal standen die Stewards und Offiziere mit grauen Gesichtern beisammen und tuschelten. Die Unruhe übertrug sich unmittelbar auf die versammelten Passagiere. Ein Kind schrie und war nicht zu beruhigen. Ein Steward baute ein Mikrofon vor dem Büfett auf, und einer der Offiziere fragte auf Englisch, ob sich ein Arzt an Bord befinde. Bei solchen Gelegenheiten warte ich normalerweise ab, ob sich nicht ein junger Kollege vordrängt. Diesmal aber meldete ich mich sofort.

Ein Steward führte mich ohne weiteren Kommentar zum B-Deck, wo mich der Kapitän vor einer Kabine erwartete. Er nahm mich wortlos am Arm und zog mich in die Kabine. »Die Tür stand offen«, erklärte er drinnen. »Ein Steward hat es vor einer Stunde entdeckt.«

Eine Frau lag auf dem Bett. Ich hatte sie im Warteraum der Fährgesellschaft gesehen und beim Abendessen. Jetzt lag sie auf dem Bett, und in ihrer Brust steckte ein Holzpfahl, und sie war so tot, wie man nur tot sein kann. Blut war seltsamerweise nicht zu sehen.

»Der Steward sagt, als er sie fand, habe sie noch geröchelt«, sagte der Kapitän. »Vielleicht …«

»Nein«, sagte ich, trat an das Bett und kontrollierte die Pupillen der Frau. Sie waren viereckig. Für einen Augenblick umwehte mich der Geruch kalten Zigarrenrauchs. Zu diesem Zeitpunkt bemerkte ich auch die juckende rötliche Schwellung an meinem Handgelenk, dort, wo mich Ramirez berührt hatte.

»Wann legen wir an?«

»In einer knappen Stunde«, sagte der Kapitän und fluchte.

»Lassen Sie den Passagier Ramirez holen. José Ramirez.«

Der Kapitän rief nach dem Quartiermeister, doch der fand auf seiner Liste keinen José Ramirez. Es gab überhaupt niemanden, auf den die Beschreibung im Entferntesten gepasst hätte. Ich verlangte nach dem Barmann, der uns am Abend zuvor bedient hatte, doch der erkannte nur mich. An einen Herrn mit schlohweißem Haar konnte er sich nicht erinnern.

Als wir in Palermo anlegten, durfte zunächst keiner von Bord. Die italienischen Behörden untersuchten den Mord und befragten jeden Passagier. Weder befand sich Ramirez darunter, noch hatte irgendwer den auffälligen Mann gesehen. *Auf dieser Fähre hatte es nie einen José Ramirez gegeben!*

Die Polizei hielt mich zwei Tage fest. Sie stellten viele Fragen, bevor sie mich dann ohne weitere Erklärung gehen ließen. Ich fragte, ob man den Täter unter den Passagieren gefunden hätte, doch niemand gab mir Antwort. Als ein Carabiniere mir meinen Pass zurückgab und mir frohe Ostern wünschte, sah ich, dass er viereckige Pupillen hatte. Noch am gleichen Tag flog ich zurück.

Seit zwei Tagen nun merke ich, dass sich etwas verändert. Die Schwellung am Handgelenk ist äußerlich abgeklungen, doch von der Stelle kriecht nun ein Gefühl großer Kälte den Arm hinauf und breitet sich über den ganzen Körper aus. Es geht sehr schnell. Kaffee schmeckt mir nicht mehr, überhaupt fühle ich immer weniger. Weder Angst noch Freude. Dafür träume ich. Man ruft mich. Ich bin Arzt. Ich weiß, was das bedeutet. Doch um zu entscheiden, ob ich wirklich verrückt geworden bin oder ob Ramirez nun nicht mehr alleine seiner furchtbaren Jagd nachgehen muss, gibt es nur einen Weg.

Hier endet mein Bericht. Sollte ich heil an Leib und Seele aus dem tiefen Haus zurückkehren, werde ich ihn genau an dieser Stelle fortsetzen.

Joseph Sheridan Le Fanu

Das Gespenst und der Knocheneinrichter

Das ist eine wahre Geschichte, kein Wort daran ist erfunden, und es gibt niemanden, der sie besser erzählen könnte als ich, denn es war mein eigener Vater, dem alles widerfahren ist. Mein Vater war ein angesehener Mann, ein Vorbild für seine Mitbürger, immer besonnen und nüchtern, wenn er auch manchmal zu tief ins Glas schaute. Das will ich nicht bestreiten. Trotzdem galt sein Wort in der Gemeinde ebenso viel wie der Schwur jedes beliebigen Gutsherren aus der Gegend.

In seinem Handwerk übertraf meinen Vater keiner, er war der beste Zimmermann weit und breit. So manchen alten Dachbalken hat er wieder in Ordnung gebracht, und unzählige gebrochene Stuhl- und Tischbeine hat er geflickt. War es da verwunderlich, dass er Knochen einzurichten begann? Klar, er wurde auch der beste Knocheneinrichter weit und breit! Aus dem ganzen Land kamen die Kunden; Junge und Alte strömten herbei. Terry Neil – so hieß mein Vater – wurde es immer leichter ums Herz, und seine Börse wurde immer schwerer.

Schließlich pachtete er eine kleine Farm, die zum Besitz des Gutsherrn Phelim gehörte. Ein hübsches Stück Land war es, ganz in der Nähe des alten Schlosses gelegen. Mein Vater hätte es nicht besser treffen können, nur eines gab es, was ihm schwer auf dem Herzen lag. Es war Sitte, dass die Pächter abwechselnd nachts im Schloss Wache hielten, wenn Sir Phelim auf Reisen ging. Sir Phelim nannte es eine Ehre, aber die Pächter – mit Verlaub zu sagen – rissen sich wenig um diese Ehre. Jedermann wusste, dass im alten Schloss oben nicht alles mit rechten Dingen zuging. Des Gutsherrn alter Großvater – Gott sei seiner Seele gnädig – pflegte nachts herumzuwandern, seit jenem Abend, als er den Korken aus einer Flasche ziehen wollte und ihm dabei eine Ader platzte. Nacht für Nacht stieg er aus dem Rahmen seines Bildes, trank aus, woran er Hand legen konnte, und zerbrach aus reinem Mutwillen Flaschen und Gläser. Kam aber jemand aus der Familie daher, war er schon wieder oben in seinem Bild und schaute so unschuldig drein, als wüsste er von gar nichts, der alte Schelm!

Schön und gut, eines Tages verreiste die Familie Phelim für eine Woche, und wie es üblich war, hielten die Pächter der Reihe nach Wache. In der dritten Nacht war mein Vater dran. »Hol's der Kuckuck!«, sagte er zu sich. »Da soll ich nun die ganze Nacht wach bleiben, und dieser alte Landstreicher von einem Gespenst marschiert durchs Schloss und treibt Schabernack!« Weil aber alles Murren nichts nützte, setzte mein Vater sein mutigstes Gesicht auf und ging gegen Abend auf das Schloss, bewaffnet mit einer Flasche voll Whisky und einer zweiten Flasche voll Weihwasser.

Dunkel und düster war es, und es regnete in Strömen. Als mein Vater zum Schloss kam, war er klatschnass vom Regen und vom Weihwasser, mit dem er sich reichlich bespritzt hatte. Kein Wunder, dass er gleich ein Gläschen Whisky brauchte zum Aufwärmen. Der alte Verwalter, Larry Connor, öffnete ihm das Tor. Die beiden waren dicke Freunde, und sobald Larry Connor meinen Vater erblickte, bot er sich an, mit ihm die ganze Nacht aufzubleiben.

»Wir wollen uns ein hübsches Feuerchen im Salon machen«, sagte Larry.

»Warum nicht in der Diele?«, fragte mein Vater, denn er wusste, dass im Salon das Bild des alten Gutsherrn hing.

»In der Diele kann ich kein Feuer machen«, erklärte Larry, »da ist der Kamin mit einem Krähennest verstopft.«

»Dann bleiben wir eben in der Küche«, entgegnete mein Vater. »Es gehört sich nicht für unsereins, im Salon zu sitzen.«

»O Terry Neil«, rief Larry, »wenn wir schon den alten Brauch halten, dann sollten wir es nicht halb tun!«

»Zum Teufel mit dem alten Brauch!«, sagte mein Vater, aber so leise, dass nur er selber es hörte. Er wollte nicht, dass Larry merkte, wie sehr er sich fürchtete.

Also warteten sie in der Küche, bis das Feuer im Salon brannte, und dann machten sie es sich vor dem Kamin gemütlich. Sie rauchten und plauderten, nahmen hie und da einen Schluck Whisky und wärmten sich die Knochen an dem flackernden Torffeuer. Alles ging gut, bis Larry plötzlich schläfrig wurde; er war ein alter Mann und brauchte eine Menge Schlaf.

»Hallo«, sagte mein Vater, »du wirst doch jetzt nicht schlafen wollen?«

»Ich habe nur die Augen zugemacht«, antwortete Larry gekränkt, »weil du mir den Qualm deiner Pfeife ins Gesicht bläst! Erzähl nur deine Geschichte weiter, ich kann mit geschlossenen Augen recht gut zuhören.«

Mein Vater merkte, dass es keinen Sinn hatte, mit Larry zu argumentieren, und fuhr mit seiner Geschichte fort. Es war die Geschichte von Jim Sullivan und seiner alten Geiß; darüber lacht man sich tot, und man sollte meinen, keine Menschenseele könnte dabei einnicken. Nie hat vorher oder nachher jemand diese Geschichte komischer erzählt als mein Vater; noch dazu brüllte er jedes Wort, als ginge es ums Leben. Es nützte aber nichts, dass mein Vater sich heiser schrie; er hatte die Geschichte noch nicht zu Ende erzählt, da schnarchte Larry schon so laut wie ein Dudelsack.

»Verflixt«, sagte mein Vater, »dieser alte Lump nennt sich mein Freund und schläft wie eine tote Ratte im selben Raum, in dem das Gespenst umgeht! Gott steh mir bei!«, rief er und wollte Larry wachrütteln.

Rechtzeitig aber fiel ihm ein, dass Larry bestimmt zu Bett gehen würde, wenn er erwachte. Immerhin war ein schlafender Freund zur Gesellschaft besser, als mutterseelenallein zu sein. »Schön und gut«, sagte mein Vater, »ich lasse dich schlafen, mein Lieber! Ich wünschte nur, ich könnte auch so schnarchen wie du!«

Mein Vater fing an, im Salon auf und ab zu gehen. Er sagte alle Gebete auf, die ihm in den Sinn kamen, wurde davon aber nicht schläfrig, wie er es gehofft hatte. Zur Stärkung nahm er einen tiefen Schluck aus der Flasche.

»Hol's der Teufel«, sagte er, »warum kann ich nicht selig schlummern wie Larry? Ich werde es versuchen! Vielleicht fallen mir die Augen zu.« Er rückte seinen Armstuhl näher an den Kamin und machte es sich darin bequem.

Die ganze Zeit schaute er gegen seinen Willen immer wieder auf das Bild, und er hätte schwören können, dass die Augen des alten Gutsherrn ihm folgten und ihm zuzwinkerten, sobald er selber hinsah. O Gott, dachte er, warum muss heute

Nacht ausgerechnet ich hier sein! Mein Pech! Wenn ich mich zu Tode ängstige, hilft es aber auch nichts. Sterben muss ich, also will ich es wenigstens tapfer tun!

Er ließ sich in den Armstuhl nieder und saß ganz ruhig. Bestimmt wären ihm die Augen zugefallen, hätte nicht der Sturm durch alle Kamine gepfiffen und in den Bäumen draußen geheult und gestöhnt. Dann packte ein solcher Windstoß das Schloss, dass mein Vater glaubte, alle Mauern würden einstürzen, aber gleich danach wurde es totenstill. Der Sturm setzte plötzlich aus. In der Stille kam es meinem Vater vor, als hörte er ein Geräusch über dem Kaminsims. Mein Vater blinzelte durch die Lider und sah den alten Gutsherrn aus dem Bild heraussteigen. Der schlaue alte Fuchs blieb vor dem Kamin stehen und horchte, ob die zwei in ihren Armstühlen auch wirklich schliefen. Sobald er ganz sicher war, streckte er die Hand nach der Whiskyflasche aus, setzte sie an den Mund, leerte sie bis zur Hälfte und stellte sie dann haargenau auf den gleichen Platz zurück, auf dem sie gestanden hatte.

Nachher marschierte er im Salon auf und ab und sah so unschuldig drein, als hätte er nie im Leben eine Flasche angerührt. Jedes Mal, wenn er am Kamin vorüberkam, war meinem Vater, als röche es nach Schwefel. Das brachte meinen Vater fast um den Verstand. Hatte der Dorfpfarrer, unser guter Vater Murphy, nicht oft genug sonntags gepredigt, dass es Schwefel war, der in der Hölle brannte? Der Schwefelgeruch kitzelte meinen Vater in der Kehle, bis er es nicht mehr aushielt und zu husten anfing. »Ha!«, rief der alte Gutsherr und wirbelte herum. »Bist du es, Terry Neil? Wie geht es dir?«

»Danke, Euer Ehren«, antwortete mein Vater mehr tot als lebendig. »Es geht mir gut.«

»Terry«, fuhr der Gutsherr fort, »du bist ein rechtschaffener Mann und ein Beispiel für alle in der Gemeinde.«

»Danke, Euer Ehren«, sagte mein Vater zum zweiten Mal und fasste Mut. »Ihr seid immer ein Gentleman gewesen. Möget Ihr in Frieden ruhen! Amen!«

»In Frieden ruhen!«, schrie das Gespenst und lief knallrot im Gesicht an. »In Frieden ruhen? Du Einfaltspinsel! Hast du alle Manieren vergessen? Ist es meine Schuld, dass ich tot bin? Muss mir das jeder dahergelaufene Dorflümmel an den Kopf werfen?« Und das Gespenst stampfte so wütend mit dem Fuß auf, dass mein Vater glaubte, der Fußboden bräche ein.

»Euer Ehren«, stotterte mein Vater, »ich bitte tausendmal um Vergebung. Ich bin nur ein armer unwissender Mann!«

»Das bist du!«, antwortete der Gutsherr. »Reden wir nicht mehr davon! Ich bin nicht für Leute deines Schlages heraufgekommen – heruntergekommen wollte ich sagen!« (So winzig der Versprecher war, meinem Vater fiel es sofort auf, und er dachte sich sein Teil.)

»Jetzt hör mir gut zu, Terry Neil«, fuhr das Gespenst fort. »War ich deinem Großvater Patrick nicht immer ein guter Herr?«

»Ja, Euer Ehren«, antwortete mein Vater.

»Und war ich nicht mein ganzes Leben ein wahrer Gentleman?«

»So ist es, Euer Ehren«, sagte mein Vater. Das war gelogen, aber was hätte er sonst antworten sollen!

»Na also!«, sagte der Gutsherr. »Aber obwohl ich ein anständiger Mensch war und ein Gentleman dazu und von Zeit zu Zeit ein vorbildlicher Christ, geht es mir nicht so gut, wie ich es hätte erwarten können.«

»Das tut mir leid«, sagte mein Vater. »Vielleicht möchten Euer Ehren ein Wort mit Vater Murphy reden?«

»Halt das Maul!«, fuhr ihn der Gutsherr grob an. »Ich rede nicht von meiner Seele. Woher hast du die Unverschämtheit, mit einem Gentleman über seine Seele zu diskutieren?« Er holte sich einen Armstuhl herbei und setzte sich gegenüber meinem Vater nieder. »Meine Seele macht mir nicht zu schaffen«, erklärte er. »Mein rechtes Bein plagt mich, das ich mir in Glenvarloch an dem Tag brach, als ich den armen Black Barney zu Tode ritt.«

Black Barney war das Lieblingspferd des Gutsherrn gewesen, es war gestürzt, als der alte Herr über die hohe Mauer in Glenvarloch springen wollte.

»Ich hoffe«, sagte mein Vater, »Euer Ehren liegt das Pferd nicht auf dem Gewissen?«

»Trottel!«, fauchte der Gutsherr. »Habe ich dir nicht gesagt, dass mich mein Bein plagt? An dem Ort, wo ich jetzt bin – außer dem kleinen Urlaub, den ich bekomme, um mich hier ein wenig umzusehen – muss ich ständig auf den Beinen sein. Mehr, als für mich gut ist. Die Leute dort könnten sich an kaltem Wasser tottrinken. Was Besseres bekommt man nicht! Das Klima ist eben ungemütlich heiß. Und mich hat man dazu bestimmt, Wasser zu tragen. Eine Plackerei ist das, lass es dir gesagt sein. Kaum habe ich einen Eimer herbeigeschleppt, saufen sie ihn schon leer. Mein lahmes Bein wird mich noch umbringen. Ich will, dass du es mir einrichtest, das ist der langen Rede kurzer Sinn.«

»Euer Ehren«, stammelte mein Vater, der um nichts in der Welt das Gespenst anrühren wollte, »ich werde nie so unverschämt sein, einem Herrn wie Euresgleichen das Bein zu richten.«

»Dummes Zeug!«, sagte der Gutsherr und streckte ihm das Bein entgegen. »Zieh fest daran! Wenn du es nicht tust, zerbrech ich dir alle Knochen im Leib!«

Mein Vater merkte, dass alle Ausflüchte nichts nützten, er packte das Bein und zog kräftig daran.

»Fester, verdammt noch mal!«, rief der Gutsherr.

»Zu Euren Diensten«, antwortete mein Vater.

»Fester! Noch fester!«, schrie der Gutsherr.

Mein Vater zog an dem Bein, als säße ihm der Teufel persönlich im Genick.

»Ich brauche einen kleinen Schluck«, erklärte der Gutsherr. »Ich muss mir Mut antrinken.« So faustdick er es auch hinter den Ohren hatte, diesmal machte er einen kleinen Fehler. Er nahm die falsche Flasche. »Auf dein Wohl, Terry!«, sagte er. »Und jetzt zieh!«

Mit diesen Worten hob der Gutsherr die Flasche Weihwasser hoch und setzte sie an den Mund. In der nächsten Sekunde stieß er einen gellenden Schrei aus und fuhr mit einem jähen Ruck hoch. Sein Bein blieb in den Händen meines Vaters. Mein Vater taumelte, fiel auf den Rücken, schlitterte quer durch den Salon und verlor die Besinnung. Als er zu sich kam, schien die Sonne durchs Fenster. Er lag noch immer flach auf dem Rücken und hielt mit den Händen krampfhaft ein Stuhlbein umklammert. Der alte Larry schnarchte friedlich.

Von dieser Nacht an rührte mein Vater keine Flasche Whisky mehr an, und der alte Gutsherr ließ sich nicht mehr im Schloss blicken. Entweder hat ihm das nicht geschmeckt, was er zu trinken bekam, oder er konnte mit einem Bein nicht mehr so weit heraufkommen. Wie es auch sei, man sah das Gespenst nie wieder.

Verzeichnis der Autoren, Geschichten und Quellen

Joan Aiken (1924–2004) wurde als Tochter des amerikanischen Lyrikers Conrad Aiken in England geboren. Sie schrieb sowohl für Erwachsene als auch für Kinder und Jugendliche und wurde für ihr Werk mehrfach ausgezeichnet.
Die Fähre, aus dies., *Ein Schrei in der Nacht*, aus dem Englischen von Irmela Brender. © der deutschen Übersetzung 1997 Verlag Friedrich Oetinger, Hamburg

Enid Bagnold (1889–1981), in England geboren, wuchs in Jamaika, England und der Schweiz auf. Im Ersten Weltkrieg arbeitete sie als Krankenschwester, später als Journalistin, bevor sie als Autorin zahlreicher Romane und Theaterstücke erfolgreich wurde.
Das verliebte Gespenst, aus Mary Hottinger (Hrsg.), *Gespenster. Die besten Gespenstergeschichten aus England*, aus dem Englischen von Peter Naujack. © Mohrbooks AG, Zürich, © der deutschen Übersetzung 1982 Diogenes Verlag AG, Zürich

Ray Bradbury (geb.1920), amerikanischer Science-Fiction-, Fantasy- und Horrorschriftsteller. Er lebt seit 1934 in Los Angeles. Bradbury hat bis heute über 30 Bücher und nahezu 600 Kurzgeschichten veröffentlicht und erhielt – u.a. für *Fahrenheit 451*, einen seiner bekanntesten Romane, der auch verfilmt wurde – zahlreiche Auszeichnungen.
Der Fieberwahn, aus Peter Haining (Hrsg.), *Das Spukschloss am Fluss*. Frankh'sche Verlagshandlung, W. Keller & Co., Stuttgart 1978
Das Kainszeichen oder was sonst?, aus *Das große Buch der Spukgeschichten*, aus dem Englischen von Leonore Puschert. Bechtle Verlag München, Esslingen 1969

Fredric Brown (1906–1972), amerikanischer Journalist und Schriftsteller. Der renommierte Science-Fiction-Autor veröffentlichte auch Gruselromane und -erzählungen sowie Kriminalromane.
Die Giesenstecks, aus ders., *Flitterwochen in der Hölle und andere Science-Fiction-Geschichten*. Diogenes Verlag AG, Zürich 1979

Agatha Christie (1890–1976) gilt mit ihren über 80 Kriminalromanen und zahlreichen Kurzgeschichten, die in mehr als 40 Sprachen übersetzt wurden, als erfolgreichste Kriminalschriftstellerin der Welt. Ihre Stoffe wurden vielfach für das Theater bearbeitet und verfilmt. Zu den bekanntesten Figuren der Engländerin gehören der belgische Detektiv Hercule Poirot und die schrulliggewitzte Miss Marple.
Die Lampe, aus dies., *Ein diplomatischer Zwischenfall*. © 1933 Agatha Christie. Deutsche Ausgabe: Scherz Verlag, Bern. Alle Rechte vorbehalten S. Fischer Verlag GmbH, Frankfurt am Main

Charles Dickens (1912–1870) wurde als Sohn eines Marinezahlmeisters in England geboren. Er arbeitete zunächst als Schreiber bei einem Advokaten und als Gerichtsreporter, bevor er der Herausgeber der liberalen Tageszeitung *Daily News* wurde. Die bitteren Erfahrungen mit Armut und sozialer Ausgrenzung, die er als Kind machte, nachdem sein Vater in den Londoner Schuldturm musste, verarbeitete er in seinem literarischen Werk; Dickens gilt als Begründer des sozialen Romans. Zu seinen bekanntesten Büchern, die vielfach verfilmt wurden, zählen *David Copperfield* und *Oliver Twist*.
Das Gespenst im Aktenschrank, aus dem Englischen von Gustav Meyrink.

Mario Giordano, 1963 in München geboren, studierte Psychologie. Er schreibt Romane, Erzählungen und Drehbücher sowohl für Kinder und Jugendliche als auch für Erwachsene und lebt heute als freier Schriftsteller in Hamburg.
Das tiefe Haus. © Mario Giordano, Hamburg

Jacob (1785–1863) und **Wilhelm** (1786–1859) **Grimm** waren von der romantischen Bewegung beeinflusst. Sie interessierten sich für das Volkstümliche und Heimatgebundene in der Dichtung, sammelten Sagen und Märchen, die sich die Leute erzählten, und schrieben sie auf.
Märchen von einem, der auszog, das Fürchten zu lernen, aus *Kinder- und Hausmärchen gesammelt durch die Brüder Grimm*.

Knut Hamsun (1859–1952) gilt als bedeutendster norwegischer Schriftsteller. In den 1880er Jahren lebte er für einige Zeit in Nordamerika, wo er sich als Ladenjunge, Hilfslehrer, Straßenbahnschaffner

und Arbeiter durchschlug. Nach seiner Rückkehr nach Norwegen veröffentlichte er seinen ersten Roman *Hunger*. Für seinen Roman *Segen der Erde* erhielt Hamsun 1920 den Literaturnobelpreis. In den 1930er Jahren trat er der nationalsozialistischen Partei bei und kollaborierte mit der deutschen Besatzung. Für diese Haltung, von der er sich auch nach Kriegsende nicht distanzierte, wurde Hamsun 1948 zu einer hohen Geldstrafe verurteilt.
Das Gespenst, aus ders., *Die Novellen*, aus dem Norwegischen von Mathilde Mann und J. Sandmeier. © 1957, 1968 Langen Müller in der F.A. Herbig Verlagsbuchhandlung GmbH, München

E.T.A. Hoffmann (1776–1822) stammt aus Königsberg. Nach einem juristischen Studium arbeitete er als Referendar und Assessor, wandte sich dann aber der Musik, Malerei und schließlich der Dichtung zu. Als Romantiker interessierte ihn vor allem auch die »Nachtseite« des Lebens, was in zahlreichen seiner Erzählungen und Novellen zum Ausdruck kommt und ihm den Beinamen »Gespenster-Hoffmann« eintrug.
Eine Spukgeschichte, aus ders., *Die Serapions-Brüder*.

Rudyard Kipling (1865–1936) wurde in Bombay geboren und lebte lange Zeit in Indien. Er schrieb Gedichte, Novellen und Kurzgeschichten mit oft großartigen Naturbeschreibungen, vor allem des indischen Dschungels. Berühmt wurde der Engländer, der 1907 den Literaturnobelpreis erhielt, durch seine Dschungelbücher.
Das Stigma des Tieres, aus ders., *Dunkles Indien. Erzählungen*, aus dem Englischen von Gustav Meyrink. © 1993 Paul List Verlag in der Ullstein Buchverlage GmbH, Berlin

Heinrich von Kleist (1777–1811), geboren in Frankfurt/Oder, schlug zunächst eine militärische Laufbahn ein. Nach kurzen Studienjahren wandte er sich der Schriftstellerei zu; er verfasste Dramen, Erzählungen und Novellen, die zunächst jedoch nur wenig Anerkennung fanden: Von seinen heute viel gespielten Dramen wurde zu seinen Lebzeiten keines aufgeführt. Die von ihm gegründete Zeitung *Berliner Abendblätter*, mit der er sich eine Existenzgrundlage schaffen wollte, musste auf Druck der Zensur eingestellt werden. Erst 34 Jahre alt, nahm sich Kleist gemeinsam mit der befreundeten Henriette Vogel das Leben.
Das Bettelweib von Locarno

Joseph Sheridan Le Fanu (1814–1873) wuchs in Dublin als Sohn einer wohlhabenden Hugenottenfamilie auf. Der Rechtsanwalt und Journalist wandte sich schon früh der Schriftstellerei zu. Sheridan gilt als Wegbereiter der modernen Schauerliteratur. Mit seiner Erzählung *Carmilla* hat er die erste lesbische Vampirin geschaffen.
Das Gespenst und der Knocheneinrichter, aus Käthe Recheis (Hrsg.), *Schlag zwölf beginnt die Geisterstunde*, aus dem Englischen von Käthe Recheis. © der deutschen Übersetzung Käthe Recheis

Guy de Maupassant (1850–1893) wurde als Sohn einer französischen Adelsfamilie in Dieppe geboren. Nach einer kurzer Beamtenlaufbahn widmete er sich der Schriftstellerei, unterstützt von seinem väterlichen Freund Gustave Flaubert: Er schrieb Gedichte, Novellen, Theaterstücke und Romane. Maupassant erkrankte in den 1870er Jahren an Syphilis und starb nach anderthalbjährigem Aufenthalt in einer Heilanstalt in geistiger Umnachtung.
Die Angst, aus *Das große Buch der Spukgeschichten*. Bechtle Verlag München, Esslingen 1969

André Maurois (1885–1967), Sohn eines französischen Industriellen, verfasste Erzählungen, literarische und historische Studien und teils in Romanform geschriebene Biografien.
Das Haus, aus ders., *Jahrmarkt in Neuilly*, hgg. von Nino Erné, aus dem Französischen von Christoph von Schwerin. © 1957 Nymphenburger in der F.A. Herbig Verlagsbuchhandlung GmbH, München

Richard Middleton (1882–1911), englischer Dichter und Verfasser von Kurzgeschichten. Seine Erzählung *Auf der Landstraße* zählt zu den Klassikern der englischen Gespensterliteratur.
Auf der Landstraße, aus Mary Hottinger (Hrsg.), *Gespenster*, aus dem Englischen von Peter Naujack. © der deutschen Übersetzung 1982 Diogenes Verlag AG, Zürich

Vincent O'Sullivan (1872–1940) gehörte zum Freundeskreis um Oscar Wilde. Der englische Literat publizierte mehrere Bände mit Gruselgeschichten und neigte laut Wilde dazu, alles aus der Perspektive des Grabes zu sehen.
Als ich tot war, aus *Englische Gruselgeschichten aus dem 19. Jahrhundert*, ausgewählt und übersetzt von Barbara Rojahn-Deyk. © 1980 Philipp Reclam jun., Stuttgart

Otfried Preußler, 1923 in Reichenberg in Nordböhmen geboren, gehört zu den beliebtesten und erfolgreichsten deutschsprachigen Kinderbuchautoren. Seine Bücher wie *Die kleine Hexe* oder *Der Räuber Hotzenplotz* wurden in mehr als 40 Sprachen übersetzt und sind mehrfach ausgezeichnet worden, u.a. mit dem Deutschen Jugendliteraturpreis.
Frühmesse im Advent, aus ders., *Zwölfe hat's geschlagen.* © 1988 Thienemann Verlag GmbH, Stuttgart – Wien

Saki (1870–1916) ist das Pseudonym von Hector Hugh Munro. Der englische Schriftsteller wurde durch seine surrealen, von schwarzem Humor gefärbten Kurzgeschichten bekannt. Er arbeitete als Auslandskorrespondent für mehrere englische Zeitschriften und fiel als Freiwilliger im Ersten Weltkrieg.
Die offene Tür, aus ders., *Die offene Tür. Ausgewählte Erzählungen*, aus dem Englischen von Günter Eichel. © der deutschen Übersetzung 1973, 1987 Diogenes Verlag AG, Zürich

Dorothy L. Sayers (1893–1957), Pfarrerstochter aus Oxford, war eine der ersten Frauen, die an der dortigen Universität ihren Abschluss machten. Bekannt wurde sie vor allem durch ihre Kriminalromane mit dem Gentleman-Detektiv Lord Peter Wimsey.
Die Moschuskatze, aus dies., *Feuerwerk. Crime Stories*, aus dem Englischen von Maria Meinert. © Scherz Verlag, Bern 1963. Alle Rechte vorbehalten S. Fischer Verlag GmbH, Frankfurt am Main

R. L. Stine, geboren 1943 in Columbus/Ohio in den USA, wurde mit seinen Kinder-Gruselreihen *Gänsehaut* und *Fearstreet* zu einem der erfolgreichsten Kinderbuchautoren weltweit. Er lebt heute in New York.
Im Spukhaus, aus ders., *Gänsehaut. Das nervenzerfetzende Buch der Schauergeschichten*, aus dem Englischen von Günter W. Kienitz © 1998 C. Bertelsmann Jugendbuch Verlag, München, ein Unternehmen der Verlagsgruppe Random House GmbH

Anton P. Tschechow (1860–1904) zählt zu den bedeutendsten russischen Autoren des 19. Jahrhunderts. Bevor sich der Meister der Kurzgeschichte und der Novelle ganz der Literatur zuwandte, arbeitete er als Arzt. Sein soziales Engagement und sein Interesse an den unterschiedlichsten Milieus – wie am Leben der russischen Bauern – prägen sein Werk.
Eine Schreckensnacht, aus Martin Federspiel (Hrsg.), *Das große Buch der Spukgeschichten.* Bechtle Verlag, München, Esslingen 1969

Der Verlag dankt allen Autoren und Verlagen für die freundliche Genehmigung zum Abdruck. Leider war es uns nicht in allen Fällen möglich, die Rechteinhaber ausfindig zu machen; alle Ansprüche bleiben gewahrt.